山东省本科高校教学改革研究项目"基于学科竞赛的网络营销课程实践教学的研究"（2015M155）

山东省高等学校人文社会科学研究计划项目"企业网络营销模式、策略和方法研究"（J14WG66）

山东青年政治学院教学改革研究项目"网络营销课程'一制两教三课'教学改革的研究与实践"（JGXM202006）、"应用型本科网络营销课程实践教学形式的研究"（201410）、"市场营销专业《网络营销》课程体系构建研究"（10JG12）

山东省高等学校课程联盟平台上线课程"网络营销"

山东青年政治学院一流本科课程立项建设"网络营销"（YLKC202035）、课程思政示范课建设项目"网络营销"（KCSZ202032）

网络营销课程
"一体二教三课"教学改革的研究

A Study on the Teaching Reform of "One System, Two Teachings and Three Courses" of E-marketing Course

代桂勇　徐　宁／著

经济管理出版社
ECONOMY & MANAGEMENT PUBLISHING HOUSE

图书在版编目（CIP）数据

网络营销课程"一体二教三课"教学改革的研究/代桂勇，徐宁著. —北京：经济管理出版社，2022.2
ISBN 978-7-5096-8316-3

Ⅰ.①网⋯　Ⅱ.①代⋯ ②徐⋯　Ⅲ.①网络营销—教学改革—教学研究　Ⅳ.①F713.365.2

中国版本图书馆 CIP 数据核字（2022）第 034289 号

组稿编辑：王　洋
责任编辑：张巧梅
责任印制：黄章平
责任校对：王淑卿

出版发行：经济管理出版社
（北京市海淀区北蜂窝 8 号中雅大厦 A 座 11 层　100038）
网　　址：www.E-mp.com.cn
电　　话：（010）51915602
印　　刷：唐山玺诚印务有限公司
经　　销：新华书店
开　　本：720mm×1000mm/16
印　　张：11
字　　数：152 千字
版　　次：2022 年 3 月第 1 版　2022 年 3 月第 1 次印刷
书　　号：ISBN 978-7-5096-8316-3
定　　价：88.00 元

·版权所有　翻印必究·

凡购本社图书，如有印装错误，由本社发行部负责调换。
联系地址：北京市海淀区北蜂窝 8 号中雅大厦 11 层
电话：（010）68022974　邮编：100038

前　言

随着互联网应用的深入普及和网络经济的蓬勃发展，网络市场已占据整体市场的半壁江山，网络营销与传统营销紧密结合，成为企业不可或缺的营销方式。网络营销立足于互联网，发展日新月异，其内容和形式丰富多彩，已成为企业竞争的锐利武器。越来越多的企业需要专门的人员来开展网络营销活动，网络营销人员也一跃成为当今社会的热门人才。2020 年，"互联网营销师"作为一个新兴职业，被正式纳入《国家职业分类大典》。

高等教育是培养网络营销人才的主要渠道。网络营销是市场营销专业的必修课程，与其他营销课程相比，网络营销课程具有相对独立的理论体系和方法体系，是一门研究企业在网络市场上营销活动规律的实践性非常强的课程。该课程旨在使网络营销相关人员树立正确的网络营销思想，掌握开展网络营销活动的操作思路和相关网络营销方法以及策略的运用技巧，具备从事企业网络营销活动的理论素养和实践能力。

网络营销课程教学扎根于网络营销活动，应紧跟企业网络营销活动的发展步伐，与时俱进，实时更新教学内容；发挥"互联网+"的先天优势，引入网络教学，促进学生主动学习；突出课程的实践性，重视实践教学，培养

网络营销课程"一体二教三课"教学改革的研究

学生的实践能力。本书以问题为导向，围绕网络营销课程内容体系，理论教学和实践教学，传统课堂、网络课堂和实践课堂，开展网络营销课程"一体二教三课"教学改革研究，试图解决网络营销课程内容体系、理实一体化教学、混合式教学等方面存在的问题，推进网络营销课程传统教学、网络教学和实践教学的有机统一，更好地实现教学目标。

本书来源于山东省本科高校教学改革研究项目"基于学科竞赛的网络营销课程实践教学的研究"（2015M155），山东省高等学校人文社会科学研究计划项目"企业网络营销模式、策略和方法研究"（J14WG66），山东青年政治学院教学改革研究项目"网络营销课程'一制两教三课'教学改革的研究与实践"（JGXM202006）、"应用型本科网络营销课程实践教学形式的研究"（201410）、"市场营销专业《网络营销》课程体系构建研究"（10JG12），山东省高等学校课程联盟平台线上课程"网络营销"，山东青年政治学院一流本科课程立项建设"网络营销"（YLKC202035）、课程思政示范课建设项目"网络营销"（KCSZ202032）等教学与科研项目，系山东青年政治学院的学术成果。本书引用的文献资料一一说明了文献出处，在此向相关学者致谢。若有侵犯他人知识版权之处，实属无心之失，恳请给予谅解。

由于作者学术研究水平有限，本书研究成果有待于教学实践进一步检验，因此书中难免存在一些不足与疏漏之处，希望各位专家、读者批评指正。

目 录

第一章 绪论 ··· 1

    第一节 研究背景 ·· 1

    第二节 研究的政策支持和指导 ·· 5

    第三节 研究的理论基础 ··· 9

    第四节 本书内容体系 ·· 15

    第五节 主要创新点 ··· 19

    第六节 研究意义 ·· 20

第二章 网络营销课程内容体系 ·· 23

    第一节 问题提出 ·· 23

    第二节 文献综述 ·· 25

    第三节 网络营销策略和方法 ··· 29

    第四节 课程内容体系建构原则 ·· 41

    第五节 课程内容更新机制 ·· 44

第六节　课程内容体系 …………………………………………… 46

第七节　课程思政 ………………………………………………… 50

第三章　网络营销课程理论教学和实践教学 ……………………… 59

第一节　问题提出 ………………………………………………… 59

第二节　文献综述 ………………………………………………… 61

第三节　理实一体化教学 ………………………………………… 67

第四节　网络营销实践教学 ……………………………………… 73

第五节　基于网络资源的实践教学 ……………………………… 79

第六节　基于学科竞赛的实践教学 ……………………………… 83

第七节　基于创新创业教育的实践教学 ………………………… 92

第八节　基于校企合作的实践教学 ……………………………… 94

第四章　网络营销课程传统课堂、网络课堂和实践课堂 ………… 98

第一节　问题提出 ………………………………………………… 98

第二节　文献综述 ………………………………………………… 101

第三节　传统课堂、网络课堂和实践课堂混合式教学 ………… 103

第四节　传统课堂 ………………………………………………… 107

第五节　网络课堂 ………………………………………………… 111

第六节　实践课堂 ………………………………………………… 121

第五章　网络营销课程教学改革保障 ……………………………… 129

第一节　教学改革的原则 ………………………………………… 129

第二节　教学改革的顶层设计 …………………………………… 133

第三节　全过程的多样化考核 …………………………………… 135

第四节　加强师资队伍的建设 …………………………………… 137

第六章　研究结论与研究局限 …………………………………… 141

第一节　研究结论 ………………………………………………… 141

第二节　研究局限与研究展望 …………………………………… 143

参考文献 …………………………………………………………………… 144

附　录 ……………………………………………………………………… 150

第一章 绪论

第一节 研究背景

网络营销是随着互联网介入商业活动而逐渐出现的。一般认为,网络营销诞生于 1994 年,中国网络营销诞生于 1997 年。特别是万维网、搜索引擎、电子邮件等被广泛应用之后,互联网的商业价值越来越被人们重视,网络营销也逐渐成为企业重要的营销活动方式之一。

一、网络营销活动的价值

互联网的飞速发展和信息技术的广泛应用将人类带入网络经济时代。互联网将市场分为两部分:传统实体市场和网络市场。经过 20 多年的发展,随着上网人数的稳步增长,网络市场迅猛崛起,占据了整体市场的半壁江山。2020 年,我国网上零售额达 11.76 万亿元。自 2013 年起,我国已连续 8 年成为全球最大的网络零售市场。截至2020年12月，我国网民规模为9.89亿，互联网普及率达70.4%；网络购物用户规模达7.82亿，占网民整体的79.1%。① 互联网为企业创造了一种新的生存和发展空间，任何企业都不能忽视网络市场的存在，企业已进入一个全新的、无接触的、网络化的市场时代。

互联网不仅为企业开辟了一个全新的市场，而且也为企业提供了一种新的营销方式——网络营销。在互联网中，企业利用各种互联网工具和服务建立并推广企业的品牌，发布企业和产品信息，销售自己的产品，开展在线服务，建立和维护顾客关系，开展网上调研等市场营销活动。相对于传统营销活动，网络营销能够超越时空的限制，方便、灵活、迅速地传播信息，及时适应用户需求的变化，目标定位性强，降低了经营成本，提高了经济效益，为企业创造了一种全新的竞争手段和有效的竞争途径。借助互联网开展营销活动，已成为企业的必然选择。资深网络营销专家冯英健认为，网络营销是企业整体营销战略的一个组成部分，是为实现企业总体经营目标所进行的，以互联网为基本手段营造网上经营环境的各种活动。② 网络营销与传统营销紧密融合，已成为企业不可或缺的营销活动方式之一。不仅如此，随着网络市场的迅速扩大和市场竞争的日趋激烈，网络营销活动规模持续提升、结构效益更加优化、创新融合不断加速，网络营销已经成为促进社会经济发展和产业转型升级的驱动力。

二、网络营销课程的开设

当前我国正处在经济转型和产业结构升级的关键时期，又突然暴发了新冠肺炎疫情，越来越多的企业需要专门的人员来开展运营网络营销活动，网

---

① http://www.cnnic.net.cn/hlwfzyj/hlwxzbg/hlwtjbg/202102/t20210203_71361.htm.
② 冯英健. 网络营销基础与实践（第5版）[M]. 北京：清华大学出版社，2016.

络营销人员也一跃成为当今社会的热门人才。2020年,人力资源和社会保障部、国家市场监督管理总局、国家统计局联合发布了"互联网营销师"等新职业。"互联网营销师"作为一个职业,正式纳入《国家职业分类大典》,广大互联网营销从业者迎来健康规范发展的新时期。据有关方面统计,目前我国互联网营销从业人员已超1000万。

与传统市场营销活动相比,互联网是一个特殊的市场环境,以互联网为基本手段的网络营销有自己独特的理论、营销工具和方法。特别是随着信息技术的不断发展,人工智能、大数据等新的技术应用到网络营销活动中,衍生出新媒体营销、直播营销、社交化营销、跨境营销等模式,网络营销模式的创新使企业对网络营销人才的需求呈现出新的特点:网络营销人才需求的多元化与高端化。网络营销人员要真正理解、掌握和灵活运用各种网络营销理论、工具和方法,正确开展网络营销活动,必须通过一定的学习和实践才能成功。高等教育是培养网络营销人才的主要渠道。于是,网络营销课程应运而生了。

引导部分本科院校向应用型教育转型是国家的重大决策部署,也是高等教育结构调整的重要着力点和战略突破口。这就要求应用型本科教育培养的人才具备较高的实践能力。网络营销是培养网络营销运营、网络推广、网络营销文案策划、网站策划、网络销售等网络营销专业人员的必修课程。与其他营销课程相比,网络营销课程具有相对独立的理论和方法体系,是一门研究企业在网络市场中营销活动规律的课程。该课程旨在使网络营销相关人员树立正确的网络营销观念,掌握开展网络营销活动的操作思路和相关网络营销方法与策略的运用技巧,具备从事企业网络营销活动的理论素养和实践能力。

三、网络营销课程的教学

网络营销是随着互联网商业应用的发展而诞生的一门新兴的课程，距今不过20多年。从高校教学领域来看，主要是电子商务和市场营销两大专业开设网络营销课程，网络营销是这两个专业的一门重要课程。本书研究市场营销应用型本科专业网络营销课程教学的改革与实践。

目前，网络营销课程教学面临着新的机遇和挑战。一是互联网的深入应用推动着网络营销的快速发展，企业网络营销活动日新月异，其内容和形式丰富多彩。网络营销课程扎根于企业网络营销活动，企业网络营销活动的发展为网络营销课程注入了新的内容和赋予了新的活力，但是也带来了网络营销课程内容更新较慢、落后于实践活动发展的问题。二是"互联网+"对传统教学产生了巨大的冲击，网络营销课程以互联网手段开展营销活动为教学内容，其受到的冲击更大。同时，"互联网+"也通过以学生为本、个性化学习、翻转课堂、混合式教学等新的教学理念和教学方式方法为网络营销课程教学改革带来了新的机遇。三是国家政策为网络营销课程建设指明了方向，但是也提出了严格的要求。教育部针对课程建设专门发布了《关于一流本科课程建设的实施意见》（教高〔2019〕8号）（以下简称《意见》），《意见》确立了课程建设要提升高阶性、突出创新性和增加挑战度的基本原则，也提出了课程要优起来、消灭"水课"的要求。

网络营销课程要紧跟企业网络营销活动的发展，与时俱进，实时更新教学内容；发挥"互联网+"的先天优势，引入网络教学，促进和引导学生主动学习；强调课程的实践性，注重实践教学，积极培养学生的实践能力和创新精神。网络营销课程教学做到传统教学、网络教学和实践教学的有机统一，才有可能更好地实现教学目标。

第二节 研究的政策支持和指导

课程是人才培养的核心要素，课程质量直接决定人才培养质量。教育部高等教育司司长吴岩指出："只有把课程建好建强，才能真正使提升人才培养质量得到最根本、最坚实的保障。无论再先进的教育理念、再前沿的教学内容，都必须通过好的课程才能真正作用在学生身上，也才能真正体现在学生的学习效果上。"① 国家高度重视课程建设和教学改革工作，多年来相继出台了各种政策，多措并举支持和指导课程建设和教学改革。课程教学改革研究相关政策梳理见附录1。

一、国家课程建设工程

国家课程建设工程是国家为提高教学质量、把教学改革成果落实到课程建设上、推进优质课程的应用与共享而设立的。从精品课程建设到一流课程建设，国家扎实推进课程建设，稳步提高教学质量。

（一）精品课程建设

2003年4月，教育部发布了《关于启动高等学校教学质量与教学改革工程精品课程建设工作的通知》（教高〔2003〕1号），启动了精品课程建设工作。精品课程建设是"高等学校教学质量与教学改革工程"的重要组成部分，是"质量工程"最早启动的项目。精品课程是具有一流教师队伍、一流

---

① http://www.moe.gov.cn/fbh/live/2021/52921/mtbd/202102/t20210224_514644.html.

教学内容、一流教学方法、一流教材、一流教学管理等特点的示范性课程，①即具有特色和一流教学水平的优秀课程，具有示范性和辐射推广的作用。国家精品课程评审包括教学队伍、教学内容、教学条件、教学方法与手段、教学效果及特色、政策支持及辐射共享六个一级指标。

（二）一流课程建设

2019年10月，教育部发布了《关于一流本科课程建设的实施意见》（教高〔2019〕8号），实施一流本科课程"双万计划"。一流课程即"金课"，有"两性一度"标准："高阶性"是指课程目标要把知识、能力、素质有机融合起来，培养学生解决复杂问题的综合能力和高级思维；"创新性"是指课程内容反映前沿性和时代性，教学形式呈现先进性和互动性，学习结果具有探究性和个性化；"挑战度"是指课程有一定难度，学生需要"跳一跳才能够得着"，对老师备课和学生课下有较高要求。② 一流课程包括线上一流课程、线下一流课程、线上线下混合式一流课程、虚拟仿真实验教学一流课程、社会实践一流课程，每类课程有具体的评审指标。

（三）在线开放课程建设

2015年4月，教育部发布《关于加强高等学校在线开放课程建设应用与管理的意见》（教高〔2015〕3号），推进在线开放课程和平台建设。2017年，教育部认定首批490门国家精品在线开放课程。2020年，为应对新冠肺炎疫情，保证中小学及高校维持正常的教学进度，教育部出台了"停课不停学"政策，促进了在线开放课程的迅猛发展。精品课程包括精品在线开放课程，线上一流课程也就是精品在线开放课程，因此，在线开放课程建设是精

---

① 教育部关于启动高等学校教学质量与教学改革工程精品课程建设工作的通知（教高〔2003〕1号）。

② 教育部关于一流本科课程建设的实施意见（教高〔2019〕8号）。

品课程建设和一流课程建设的重要组成部分。它充分反映了互联网对课程建设和课程教学的重要影响，以及在线开放课程在人才培养中的重要地位。

二、国家课程教学改革的主要政策

教育部高等教育司司长吴岩指出："高等学校的教学改革，改到深处是课程，改到痛处是教师。"一门课程的教学改革是一项系统性工程，成功的课程改革也不是一个人能够完成的。在国家教育教学改革的相关政策文件中，课程教学改革是重要内容和主要领域之一。

（一）教学内容

教学内容是解决课程"教什么"的问题。相关政策文件强调教学内容要与时俱进，及时将学术研究、科技发展前沿成果引入课程，符合时代人才培养的需求。另外，课程思政建设、课程内容与职业标准对接也是近年来国家政策的要求。教育部《关于一流本科课程建设的实施意见》（教高〔2019〕8号）还要求："课程内容强调广度和深度，突破习惯性认知模式，培养学生深度分析、大胆质疑、勇于创新的精神和能力。"

（二）教学方式方法

教学方式方法是解决课程"怎么教"的问题。相关政策文件要求改革传统的教学方法和教学手段，以学生发展为中心，以提升教学效果和教学质量为目的，改革和创新教学方式方法，倡导讨论式、探究式、启发式、参与式教学，注重教师和学生、学生与学生之间互动，大力激发学生学习的积极性和主动性，杜绝教师满堂灌、一言堂和学生被动听、不抬头的现象。现代信息技术与教育教学深度融合推进教学方式方法改革是国家政策倡导的一个重要内容。例如，《教育部关于加快建设高水平本科教育全面提高人才培养能力的意见》（教高〔2018〕2号）指出："积极推广小班化教学、混合式教学、翻转课堂，大力推进智慧教室建设，构建线上线下相结合的教学模式。"

（三）实践教学

实践教学是课程教学改革的重要内容。在教育部深化教学改革、提高教学质量的一系列规范性文件中，重视实践教学，提高学生实践能力是一个不可或缺的内容。相关政策文件要求包括强化实践育人，深化产教融合、校企合作，制定实践教学标准，增加实践教学比重，推行基于问题、项目、案例的实践教学方法，加强"双师型"教师队伍建设，加强实验实训实习基地建设等内容。

（四）创新创业教育

创新创业教育是近年来教育教学改革的一个热点，对人才培养、专业教育、课程教学等产生了重要影响。同时，将创新创业教育融入人才培养全过程，与专业教育、课程教学紧密结合是国家相关政策文件的主要要求。《国务院办公厅关于深化高等学校创新创业教育改革的实施意见》（国办发〔2015〕36号）指出："各高校要根据人才培养定位和创新创业教育目标要求，促进专业教育与创新创业教育有机融合，调整专业课程设置，挖掘和充实各类专业课程的创新创业教育资源，在传授专业知识过程中加强创新创业教育。"

（五）考核评价

考核评价是衡量课程教学效果的主要手段，也是课程教学改革的重要内容之一。国家相关政策文件的主要内容有：严把考试关，坚决杜绝"清考"；重视过程性考核，合理确定过程性考核所占总成绩比重，建立健全过程性考核与结果性考核有机统一的课程考评制度；探索应用多种考核方式，健全能力与知识考核并重的多元化学业考核评价体系。这些改革措施的目的是以考辅教、以考促学，激励学生主动学习、刻苦学习。

（六）教学团队

教师在教学中发挥着主导作用，是开展教学改革的关键因素。国家高度重视教学团队的建设，相关政策文件的主要内容有：推动高层次人才走上本科教学一线，实现教授全员给本科生上课；鼓励学校教师和行业企业人才的双向交流，加强"双师双能型"教师队伍建设；加强师德师风建设，完善教师评聘制度等。在国家精品课程、一流课程评审或认定中，教学团队是一个重要的评价指标。

国家教育教学改革的相关政策为课程教学改革指明了方向，也是课程教学改革研究的基础和指导。网络营销课程教学改革要以国家政策为导向，既要"埋头拉车"，又要"抬头看路"，才能确保教学改革走上正确的轨道。

第三节 研究的理论基础

教学理论是教学改革的依据和基础，是指导教学改革实践与发展的指南。在一定的教学理论指导下，以问题为导向，网络营销课程教学改革才能取得较为理想的结果。

一、建构主义学习理论

建构主义学习理论认为，知识不是通过教师传授得到的，而是学习者在一定的情境即社会文化背景下，借助其他人（包括教师和学习伙伴）的帮助，利用必要的学习资料，通过意义建构的方式而获得。建构主义提倡在教师指导下的、以学习者为中心的学习，也就是说，既强调学习者的认知主体作用，又不忽视教师的指导作用，教师是意义建构的帮助者、促进者，而不是知识的传授者与灌输者；学生是信息加工的主体，是意义的主动建构者，而不是外部刺激的被动接受者和知识被灌输的对象。因此，学习是在一定的情境下，不断交互与实践的产物。对建构主义学习理论的应用之一就是情境教学。情境教学建立在有感染力的真实事件或真实问题的基础上，强调学习应该是探索式的，让学生在现实或模拟的情境中展开实践，通过参与和体验形成自己的理解，进而培养解决问题的技能和能力。

建构主义学习理论启示我们在开展网络营销教学的过程中要把握以下关键点：第一，由于知识的构建具有独立性的特征，教师在理论教学中需要为学生创造有利条件，引导学生对知识进行自主构建，而不能直接将知识灌输给学生；第二，教师采用项目教学法开展实践教学，通过任务目标的合理设置提高学生学习的兴趣，学生在真实的环境中完成实践任务，在参与和体验中构建知识和培养动手操作能力。

二、行为主义学习理论

行为主义学习理论的代表人物有桑代克和斯金纳。桑代克提出联结理论，即学习是不断的尝试错误，对刺激的反应次数越多，该反应与刺激之间的联结就越牢固。斯金纳认为，人类是在操作性学习中主动探索和认识外界环境，而不是被动地等待刺激。行为主义学习理论指出，学习者对外界环境的刺激做出一定反应便形成了一种行为，强调教师要为学生创造有利的学习环境，引导并强化学生在一定环境中的有利行为，消除其不利行为。

行为主义学习理论对网络营销课程教学的启示包括以下两点：第一，要注重强化。行为主义学习理论认为尝试错误的次数越多，反应与刺激的联结越牢固，因此教师可以通过课件展示、交流研讨、案例分析、网络学习等方式强化理论知识，不断加深学生对知识点的记忆和理解，再结合多次实践操作，引导学生在实践中发现问题、分析问题和解决问题。第二，创建多样化的实践教学环境。比如校内实验室实训、校外企业实训、创新创业项目、学科竞赛、学生微商活动等,借助丰富的实践教学环境创造尽可能多的刺激因素,刺激学生产生教学计划内的行为,培养学生的自主学习能力。

三、人本主义学习理论

人本主义学习理论认为,人类具有天生的学习愿望和潜能,这是一种值得信赖的心理倾向,它们可以在合适的条件下释放出来。当学生了解到学习内容与自身需要相关时,学习的积极性最容易被激发,在一种具有心理安全感的环境下可以更好地学习。教师的任务不是教学生知识,也不是教学生如何学习知识,而是要为学生提供学习的手段,至于应当如何学习则应当由学生自己决定,教师的角色应当是学生学习的"促进者"。

四、认知—发现学习理论

认知—发现学习理论是布鲁纳学习理论的核心。布鲁纳认为,学习知识的最佳方式是发现学习。所谓发现学习是指学生利用教材或教师提供的条件自己独立思考,自行发现知识,掌握原理和规律。他指出,所有学生几乎都具有学习新知识的内在愿望,如好奇心、成功感等,内部动机在学生学习中发挥着重要的作用;而外部动机的激励作用,如奖励与惩罚等,对学生学习知识可能是有作用的,但不宜过分重视。

五、实用主义教育学

实用主义教育学以实用主义作为哲学基础和理论依据,主要代表人物是杜威和克伯屈。实用主义教育学的主要观点有:第一,教育即生活,教育的过程和生活的过程是合一的,而不是为将来的某种生活做准备;第二,教育即个人经验的增长，教育在于让学生在真实的情境中增长自己的经验；第三，教育是生活，是个人经验的增长过程，其原因在于学校是一个雏形的社会，学生在学校的学习实际上就是一个在社会成长的过程；第四，学校的课程是以学生的经验为中心的，打破了原来以学科为中心的课程体系；第五，教育教学不再以教师为中心，教师只是学生成长的帮助者，学生才是教育教学的中心；第六，在教育教学的过程中，要注重儿童的创造性发挥，提倡让儿童在学习的过程中独立探索、发现问题。

六、掌握学习理论

掌握学习理论是由美国著名的心理学家、教育家布鲁姆提出的。所谓掌握学习，就是在"所有学生都能学好"的思想指导下，以集体教学（班级授课制）为基础，辅之以经常、及时的反馈，为学生提供所需的个别化帮助以及额外学习时间，从而使大多数学生达到课程目标所规定的掌握标准。布鲁姆指出，只要给予足够的时间和适当的教学，几乎所有的学生对所有的内容都可以达到掌握的程度（通常能达到完成 80%~90% 的评价项目）。换句话说，学习能力强的学习者可以在较短的时间内达到对该内容的掌握水平，而学习能力差的学习者则要花较长的时间才能达到同样的掌握程度。在布鲁姆看来，只要恰当注意教学中的主要变量，就有可能使绝大多数学生都能达到掌握水平。

七、首要教学原理

美国著名的教育技术与设计理论家、教育心理学家梅里尔在总结了行为主义、认知主义、建构主义等众多学习理论以及考察了众多的教学设计理论与模式的基础上，提出了以最终促进学习者学习为目的的五项教学的首要原理：①以问题为中心：当学习者解决真实世界中的问题时，学习会得到促进；②激活：当已有的相关知识经验被激活时，学习会得到促进；③演示（给我看）：当教学是向学生演示所学内容而不是仅仅告诉他们所学内容时，学习会得到促进；④运用（让我做）：当学习者运用新习得的知识技能解决问题时，学习会得到促进；⑤整合：当新习得的知识被整合（迁移）进学习者的日常生活时，学习会得到促进。梅里尔认为，教学应该以问题为中心，而其他四项原理对应有效教学的四个阶段：激活已有的知识、展示知识技能、应用知识技能、将知识技能整合到实际生活中。

八、自主学习理论

美国华盛顿城市大学齐莫曼教授等学者在吸收和借鉴前人研究成果的基础上，全面深入研究自主学习，形成了一套颇具特色的自主学习理论。齐莫曼认为，当学生在元认知、动机、行为三个方面都是一个积极的参与者时，其学习就是自主的。在元认知方面，自主学习的学生能够对学习过程的不同阶段进行计划、组织、自我指导、自我监控和自我评价。在动机方面，自主学习的学生把自己视为有能力者、自我有效者和自律者。在行为方面，自主学习的学生能够选择、组织、创设使学习达到最佳效果的境界。① 为了进一步解释什么是自主学习，齐莫曼提出了一个六维度的自主学习研究框架，如表1-1所示。

---

① 庞维国. 自主学习理论的新进展 [J]. 华东师范大学学报（教育科学版），1999（3）：68-74.

表 1-1　自主学习研究框架

科学的问题	心理维度	任务条件	自主的实质	自主的信念和子过程
为什么学	动机	选择参与	内在的或自我驱动的	自定目标、自我效能感、价值观、归因等
如何学	方法	控制方法	有计划的或习惯化的	策略使用、放松等
何时学	时间	控制时限	定时而有效的	时间计划和管理
学什么	行为表现	控制行为	意识到行为和结果	自我监控、自我判断、行为控制、意志等
在哪里学	环境	控制物质环境	对物质环境的敏感和随机应变	环境的选择和营造
与谁一起学	社会性	控制社会环境	对社会环境的敏感和随机应变	选择榜样、寻求帮助等

九、OBE 教育模式

OBE 是"Outcome-based Education"的简称，中文译为"以成果为导向的教育"或是"以产出为本的教育"。该教育模式于 20 世纪 80 年代在美国兴起。按照 OBE 教育模式的要求，教育者必须对学生毕业时应达到的能力及其水平有清楚的构想，然后寻求设计适宜的教育结构来保证学生达到这些预期目标。在理念方面，OBE 是一种"以生为本"的教育哲学；在实践方面，OBE 是一种聚焦于学生受教育后获得什么能力和能够做什么的培养模式。一切教育活动、教育过程和课程设计都是围绕实现预期的学习结果。OBE 教育模式适应了社会，特别是企业界对人才的需求，即学生的技能与能力应以可观察的、可测量的以及可应用的模式呈现出来。

OBE 教育模式主要强调以下四个方面的问题：期望学生的学习成果是什么？为什么设定这样的学习成果？如何有效帮助学生取得这样的学习成果？如何验证学生已经取得这些学习成果？OBE 教育模式主要通过以下三个关键环节实施：一是确定学生学习成果；二是构建相应的课程体系；三是确定相

应的教学方法。在 OBE 教育模式指导下，网络营销课程教学改革要从人才的市场需求出发，制定符合人才市场需求的教学目标，据此确定教学设计、教学计划和教学方法，最后通过考核评价来检验课程教学是否达到了人才培养的预期目标。

十、多元智能理论

多元智能理论认为，人的智能是多元的、开放的，而且人的智能只有领域的不同，没有优劣之分。每个学生都能在不同领域发展自己的潜力，只是表现的不同而已。多元智能理论关注学生的个体优势，注重学生潜能的发挥。

多元智能理论可以指导我们开展网络营销课程教学改革。网络营销课程教学改革要在明确教学目标定位的基础上，革新教学内容的传授方式，采取适合形象思维培养的教学方法，教学场所也应多功能化，以此来实现开发学生潜能、发展人的个性的目的。网络营销课程教学改革要在了解学生基本情况的前提下，尽可能发挥经验的获得对智能发展的积极影响，并通过具体的网络营销实践项目培养学生的实践能力，挖掘学生的潜能，建立以多元智能开发为基础，以发展学生的职业能力为重点的课程教学模式。

第四节　本书内容体系

本书以问题为导向，以政策为指引，坚持实践原则，研究市场营销应用型本科专业网络营销课程的教学改革。本书主要研究内容可以概括为"一体、二教、三课"，如图 1-1 所示。

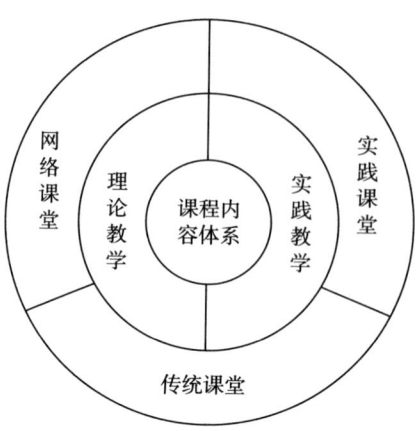

图 1-1 "一体、二教、三课"三层次

一、一体：课程内容体系

课程内容是教学改革的基础。科学的课程内容体系的建构需要遵循正确的原则。本书确立了遵循市场营销的基本理论和原理、以网络营销方法为主体内容、考虑学科的交叉性为网络营销课程内容体系的建构原则。同时，探索建立新兴网络营销方法更新、主流网络营销方法更新、网络营销思想更新的三层递进式的网络营销课程内容更新机制模型。根据网络营销课程内容体系建构原则，在课程教学内容更新的基础上，建构了以网络营销策略为主线、以网络营销方法及工具为主体，兼顾互联网技术相关知识的网络营销课程内容体系。

二、二教：理论教学和实践教学

在建构网络营销课程内容体系的基础上，以网络营销方法为教学单元优化课程教学设计，每个教学单元均设有理论教学和实践教学两部分内容，二者协同发展，并形成理实一体化教学模式。网络营销实践教学资源丰富，实践教学形式多种多样，网络资源、学科竞赛、创新创业项目和校企合作等都是较好的实践教学模式。为保障理实一体化教学的成功，改革课程考核和评价方式，将过程考核和实践考核列入课程考核的重要组成部分；通过校企合作方式，教师定期去企业实践，聘用企业人员，建立双师双能型教师队伍。

三、三课：网络课堂、传统课堂和实践课堂

在理实一体化教学基础上，将网络营销课堂一分为三，以教学资源开发为落脚点建设网络课堂，以教学方式方法改革为切入点改革传统课堂，以实践教学资源整合为着力点创新实践课堂，构建传统课堂、网络课堂和实践课堂有机统一的教学体系，形成三课堂混合式教学模式，实现多个教学空间的优势互补，将教学流程由传统单向灌输的"教—学—考"转变为现代双向互动的"学—教—做"，即网络课堂学生自主学习→传统课堂教师重点讲授→实践课堂学生积极实践，提升课程教学质量和教学效果。

本书具体内容如下：

第一章：绪论。主要分析论述了网络营销课程教学改革的研究背景、研究的政策支持和指导、研究的理论基础、本书内容体系、主要创新点、研究意义等。

第二章：网络营销课程内容体系。在提出网络营销课程内容体系存在问题、综述相关文献的基础上，研究网络营销策略和方法、课程内容体系建构原则和课程内容更新机制，进而建构了网络营销课程内容体系。在此基础上，论述了网络营销课程思政建设。

第三章：网络营销课程理论教学和实践教学。在提出网络营销实践教学存在问题、综述相关文献的基础上，研究理论教学和实践教学的一体化关系，指出网络营销实践教学目标、内容和类型，进而论述了基于网络资源、学科竞赛、创新创业教育和校企合作的实践教学模式。

第四章：网络营销课程传统课堂、网络课堂和实践课堂。在提出网络营

销课堂教学存在的问题、综述相关文献的基础上，研究传统课堂、网络课堂和实践课堂的一体化关系、混合式教学模式，进而论述网络营销课程要改革传统课堂、建设网络课堂、创新实践课堂。

第五章：网络营销课程教学改革保障。包括教学改革的原则、教学改革的顶层设计、全过程的多样化考核、加强师资队伍的建设等内容，为网络营销课程教学改革顺利进行提供坚实的保障。

第六章：研究结论与研究局限。根据上述各章的分析论述，归纳总结得出本书的研究结论，指出本书的不足之处以及后续需要进一步研究的问题。

本书内容框架体系如图1-2所示。

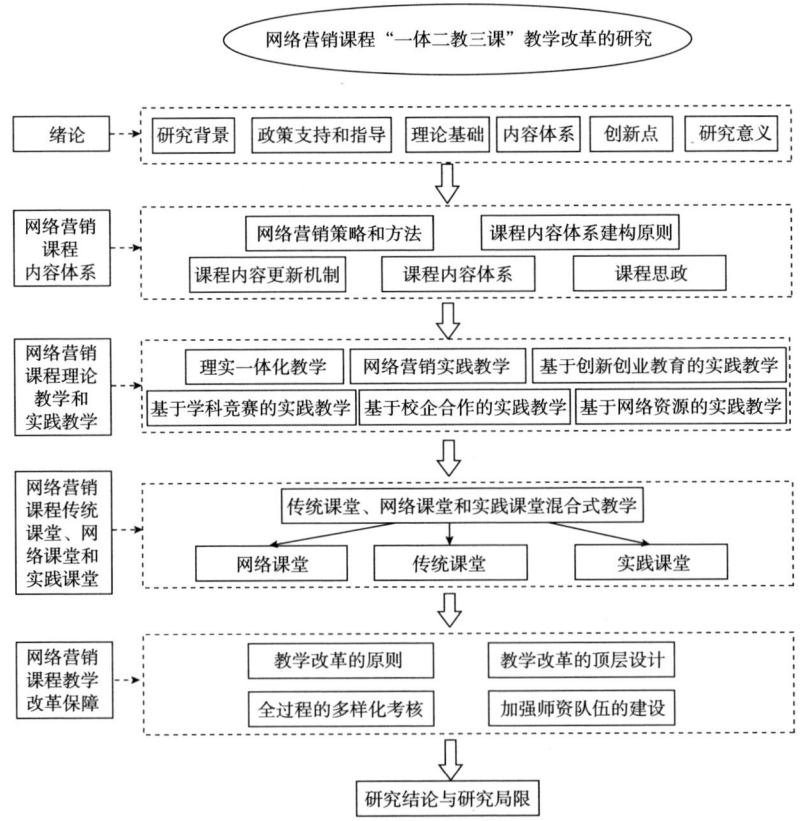

图1-2　本书内容框架体系

第五节　主要创新点

本书力求通过教学改革研究，将网络营销课程建设成为课程内容与企业网络营销实践活动紧密衔接，理论教学和实践教学协同发展，网络课堂、传统课堂和实践课堂有机统一，线上与线下相结合，理论和实践相融通，融合传统课堂教学、在线开放课程、网络资源、学科竞赛、创新创业项目、校企合作等为一体的立体化开放课程，如图1-3所示。

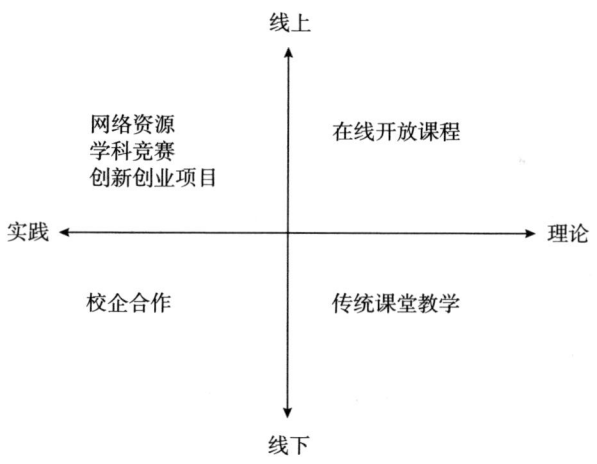

图1-3　网络营销立体化开放课程

本书的创新点主要包括：

其一，提出了网络营销6P组合策略，指出了网络营销课程内容体系建构的原则，建立了网络营销课程内容更新机制。在上述基础上，建构了以网络营销策略为主线、以网络营销方法为主体内容的网络营销课程内容体系。

其二，确定了网络营销课程理论教学和实践教学的关系，分析阐述了网络营销课程实践教学的类型，将网络资源、学科竞赛、创新创业项目、校企合作等引入网络营销课程实践教学活动中，构建了网络营销课程理实一体化教学模式。

其三，将网络营销课堂一分为三，以教学资源开发为落脚点建设网络课堂，以教学方式方法改革为切入点改革传统课堂，以实践教学资源整合为着力点创新实践课堂，构建传统课堂、网络课堂和实践课堂有机统一的教学体系，形成了三课堂混合式教学模式。

第六节　研究意义

网络营销是市场营销专业的核心专业课程，该课程教学内容更新快，重视实践教学，而且具有天然的开展网络教学的优势。在实际教学中，网络营销课程存在着教学内容滞后、实践教学流于形式、课堂教学模式单调等问题。本书以问题为导向，聚焦网络营销课程教学改革研究与实践，具有较强的研究意义。

一、构建科学的网络营销课程内容体系

网络营销自20世纪90年代初诞生以来，一直处于快速发展中，各种网络营销方法和工具不断出现，而且由于研究视角和专业背景的不同，其课程内容体系有多个不同的版本，而且差异较大。本书立足于应用型本科市场营

销专业，不受网络营销发展阶段的限制，研究课程内容体系的构建原则，且在构建原则的指导下，形成网络营销课程内容体系，由此保障课程内容体系的科学性和开放性。同时，挖掘课程思政元素，建立教学内容动态更新机制，切实实现网络营销课程教学内容与课程思政要求、与职业（行业）标准相衔接，实现教学内容的及时更新。

二、构建有效的理实一体化教学模式

网络营销立足于企业的经营活动，网络营销课程具有很强的实践性。受传统教学"重理论轻实践"的观念影响和网络营销理论研究落后于实践发展的制约，实践教学一直是网络营销课程教学的短板，实践教学质量和效果有待于进一步改进和提高。本书研究理论教学和实践教学的关系，构建有效的理实一体化教学模式，切实减少理论教学和实践教学"两张皮"的现象，在提出网络营销课程实践教学类型的基础上，研究了基于网络资源、学科竞赛、创新创业教育、校企合作的实践教学，力求弥补实践教学的短板，提高课程的教学质量。

三、构建传统课堂、网络课堂和实践课堂一体化的课堂教学体系

网络营销课程立足于互联网，重视实践教学。为充分发挥"互联网+"的优势和实现学生实践能力培养的目标，网络营销课程要进行课堂教学改革。本书提出传统课堂、网络课堂和实践课堂混合式教学模式，将课堂一分为三，网络课堂系统讲授基础理论知识，传统课堂侧重发挥教师的讲解和指导作用，实践课堂重在培养学生的实践能力，有效地解决学、教、做之间的矛盾，实现三课堂的有机统一和良性互动，打破传统的封闭教学体系，进而形成一个开放多元的网络营销课堂教学体系，促进课程教学目标的实现。

总之，本书以网络营销课程"一体二教三课"教学改革为研究对象，从课程到课堂，从课堂到网络，从网络到实践，试图通过研究，提高网络营销课程的教学质量，为建设网络营销一流课程提供理论指导，进而为市场营销专业应用型人才培养奠定坚实的基础。

第二章　网络营销课程内容体系

网络营销是伴随着互联网在商业领域的应用而产生和发展的，其课程内容体系也随着互联网工具和服务的发展而处于不断发展演变中。由于研究视角和专业背景的不同，网络营销课程内容体系存在着多个差异较大的版本。应用型本科市场营销专业网络营销课程内容体系要在遵循市场营销的基本理论和原理的前提下，从企业网络营销实践出发研究网络营销的内在规律。同时，课程内容要随着企业网络营销活动的快速发展而及时更新。

第一节　问题提出

网络营销自1994年诞生以来，经历了多个重要的发展阶段，无论是网络营销的工具和方法，还是思维模式和内容体系都发生了深刻的变化。[①] 从现有的学术期刊、著作、教材、商业杂志等纸质出版物以及电子媒体来看，网

---

① 冯英健. 网络营销基础与实践（第5版）[M]. 北京：清华大学出版社，2016.

络营销的文献资料数量很多，相关的理论研究也取得了较好的阶段性成果，但是在一定程度上还存在着不够系统、不够成熟，以及落后于实践活动发展的问题。

在高校课程教学方面，编著网络营销教材的作者专业背景差异较大，有市场营销、电子商务、传播学、网络经济学等多种专业背景，但系统研究网络营销并且具有网络营销实践经验者较少，因此网络营销课程内容很难达成共识，导致各个高校网络营销课程内容体系相差较大，这在很大程度上影响了网络营销研究、教学与实践的应用。就像一定的食物对于生命存在或身体健康所产生的效果一样，一定的教学内容也将在人才培养的过程中产生至关重要的决定性作用；与一定的教学理念、教学条件或教学方法相比，一定的教学内容可能会更直接地影响人才培养的结果。① 对于应用型本科市场营销专业来说，现有的网络营销课程内容体系，有的忽视了网络营销活动的独特规律，有的脱离了市场营销理论的体系框架，有的偏离了网络营销的研究内容，有的对网络营销内容以偏概全，所以构建适合市场营销专业教学的课程内容体系已成为网络营销课程教学改革的必然要求。

同时，随着互联网工具和服务的深入发展和应用，新型的网络营销概念和方法不断出现，网络营销的内容和形式更加丰富多彩。网络营销发展突飞猛进，在企业经营活动中居于重要的地位，发挥着越来越重要的作用。网络营销课程立足于企业的网络营销活动，教学内容具有很强的时效性，要紧密追踪企业最新的网络营销策略和方法。但是网络营销理论研究在较大程度上滞后于网络营销实践活动发展，主要原因在于人们的认识过程通常是先进行实践，在实践的基础上经过不断地归纳总结成为具有普遍指导意义的理论。

---

① 彭志敏. 关于中国当代专业音乐教育和教学内容更新的趋向性思考［J］. 人民音乐，2007（7）：60-62.

网络营销理论研究的滞后导致课程内容的过时、陈旧、更新较慢，因此，网络营销课程需要探索建立一种内容动态更新机制，将网络营销实践活动实时转换为课程内容，实现课程内容的及时更新。

第二节　文献综述

由于研究视角的不同和知识背景的差异，相关学者对于网络营销的理解存在较大的差别，在网络营销课程内容体系建构上自然也不尽相同。归纳总结起来，网络营销课程内容体系模式主要有下列五种：

一、4P 延伸体系模式

4P 延伸体系模式将网络营销视为传统营销在互联网环境中的延伸，以传统市场营销 4P 作为框架体系，将常用的网络营销工具和方法融入其中，这是 4P 延伸体系模式，其典型代表是上海大学瞿彭志教授主编的《网络营销》。该模式比较适合经典的 4P 营销框架，不影响传统市场营销的基本理论，课程内容较易建构，而且看起来似乎更具有系统性，因而在高校教学领域有较大的影响力。但是，将这种模式在网络营销方法上归属于 4P 存在较大的问题。若将网络营销方法勉强纳入 4P 中，很难符合市场营销组合策略的科学性和逻辑性；若不纳入 4P 中，网络营销方法独立成章，则破坏了 4P 理论框架，因而该模式陷入两难境地。

为了克服上述问题，部分学者提出了企业网站营销策略、搜索引擎营销策略、社会化媒体营销策略等，与 4P 营销策略并列，作为网络营销内容的体系框架。从形式上看，该模式既包括4P营销策略，又提出了新的营销策略，将网络营销方法纳入其中，避免了4P延伸体系模式的两难境地。但是，从实质上看，该模式还是属于4P延伸体系模式。另外，该模式提出的多种网络营销策略都只是个人观点，相关依据比较牵强，且几乎没有产生什么影响。

二、网络营销方法体系模式

网络营销的发展实质是各种网络营销方法的发展，以主流网络营销方法建构网络营销课程内容，这是网络营销方法体系模式。该模式一经出现，就引起广泛关注，成为具有较强代表性的网络营销内容体系。随着网络营销方法的发展变化，为保持网络营销内容体系的相对稳定性，又能使网络营销方法体系具有可扩展性，该模式从最初的主流网络营销方法罗列，逐步发展到以网络营销思维模式、网络营销信息传递模式为主导的网络营销方法体系。该模式的典型代表是资深网络营销专家冯英健编著的《网络营销基础与实践》、《新网络营销》和《网络营销》等。

网络营销课程教学要坚持理论与实践结合，重视课堂教学的互动与反馈，突出实践环节教学，培养学生的实践能力和创新能力等。网络营销方法体系模式以实践为导向，分析论述各种主流网络营销方法，结构清晰明了，课程实践性强，比较符合企业网络营销活动实际情况，多年来一直是网络营销课程主流内容体系之一。但是，这种体系模式脱离了传统营销的4P框架，很难将网络营销纳入整个市场营销专业课程体系中，使市场营销专业课程体系设置的内在逻辑变得混乱。对于市场营销专业而言，这种模式抛开了传统市场营销的知识框架，可能会导致学生专业知识体系和专业思维的不统一。

三、项目导向体系模式

以网络营销典型工作任务为主线，设计完整的教学项目，覆盖企业应用的主流网络营销工具和方法，在教师主导下，学生全程参与项目实施过程。在此过程中，学生学习网络营销的原理、工具和方法等知识，培养网络营销的专业素质和能力，这是项目导向体系模式。该模式的典型代表是高职院校的网络营销课程内容体系。从职业岗位工作任务出发，设计系列教学项目，重构教学内容，结合课堂讲授、任务驱动、案例分析、小组讨论等教学形式和手段，学生一方面学习理论知识，另一方面开展实战练习，将抽象的理论转化为具体的能力，体现了高职教育的特点。但是，该模式以实战为基础，以案例为导向，强调实践教学，可能会破坏课程各知识点之间的内在逻辑关系，导致学生在掌握网络营销理论体系时产生混乱。另外，该模式一般不适用于应用型本科专业网络营销课程的教学。

四、分支体系模式

随着互联网广泛深入的应用，不论是从人才需求、发展方向来看，还是从研究内容来看，网络营销都进入了细分化的分支领域，网络营销内容体系产生了多元化的分支模式。

（一）互联网技术模式

将与网络营销相关的互联网工具和服务的原理及其应用作为网络营销课程的核心内容，如搜索引擎检索原理、企业网站服务器构建、网页制作方法、电子邮件系统配置等，这是互联网技术模式。该模式的核心内容是互联网技术本身，属于通用型的互联网应用技术，真正属于网络营销的内容较少，因而无法反映网络营销的全貌，甚至有点本末倒置。互联网技模式对于深入研究网络营销有一定的价值，但考虑到相关人员的专业和工作背景，多数人并不需要过多的互联网技术知识，更多需要的是理解和掌握网络营销的指导思想和具体的网络营销方法，因此这种模式存在比较明显的缺点。

（二）消费者行为模式

以心理学、消费者行为学等理论为基础，研究网络市场和用户的网上购买行为，这是消费者行为模式。该模式的优点是对于了解网络市场的特点和用户的网上购买行为具有较大的价值，但是，网上销售只是网络营销的一个组成部分，许多企业可能并不进行网上销售，但是需要开展网络营销活动，所以消费者行为模式涉及的内容比较专而且少，远远没有覆盖网络营销的全部内容，因此这种模式只是网络营销课程内容体系的一个分支。

（三）单一网络营销方法模式

网络营销发展至今，网络营销内容越来越丰富，网络营销工具和方法出现了分散化、无主流、热点轮动等现象，形成了向多个领域发展的网络营销环境，如新媒体营销、内容营销、大数据营销、社会化网络营销、网络广告等。这些领域与综合性网络营销内容体系紧密相关，同时，又逐步形成相对独立的知识体系。这就是单一网络营销方法模式。这种模式立足于网络营销的具体工作岗位，在网络营销的相关领域有深刻的研究，但是，与消费者行为模式类似，只是局限于网络营销的某一领域，没有覆盖网络营销的全部内容。

五、混合体系模式

在上述四种网络营销课程内容体系模式中，占据主流地位的是4P延伸体系模式和网络营销方法体系模式。从已出版的教材等相关文献资料来看，从事网络营销教学和研究的高校教师已经注意到了这两种模式的优点和缺点，且已将二者结合起来，扬长避短，推动网络营销课程内容体系的科学发展，例如，有的教材将网络营销方法归为方法篇，而将 4P 策略归为管理篇等，这是混合体系模式。

就目前混合体系模式的网络营销教材来看，有的偏重 4P 延伸体系模式，有的偏重网络营销方法体系模式，这可能与编著者的专业背景和研究角度有关系。出现侧重点不同的课程内容体系很正常，但是从网络营销课程内容的整体来看，编著者尽管将这两种模式组合在一本教材中，学习者却看不出这两种模式之间的内在联系性，好像就是为了克服上述两种模式的缺陷而将两者硬扯在一起，在一定程度上可能会导致市场营销专业学生的专业知识体系和专业思维的紊乱。

第三节　网络营销策略和方法

在企业网络营销活动中，网络营销策略和网络营销方法是两个经常提及的概念。一方面，网络营销是企业在网络市场上开展的营销活动，网络营销策略来源于市场营销策略，是企业针对目标网络用户购买行为而协调使用的各种营销手段。另一方面，网络营销是企业利用各种互联网工具和服务开展的营销活动，网络营销方法基于互联网工具和服务的使用，网络营销也就是企业运用各种网络营销方法开展的营销活动。为研究网络营销课程内容体系，我们有必要研究网络营销策略和网络营销方法及其两者的关系。

一、网络购买行为的特征

不管是网络营销策略,还是网络营销方法,都是企业针对目标网络用户购买行为而使用的。因此,研究网络营销策略和网络营销方法,要从网络用户的购买行为入手。与传统市场购买行为相比,网络用户的购买行为具有以下特点。

(一) 营销信息的众多性

互联网之所以能够运用于营销活动,就在于其能够快捷、高效地传递信息。一方面,互联网突破了时空的限制,企业可以在互联网上随时随地发布营销信息;另一方面,各种互联网服务,如网站、搜索引擎、电子邮件、博客、微博、微信、App 等已经司空见惯,企业可以通过各种互联网服务多渠道地发布和传递营销信息。这样,企业就可以利用互联网的优势将大量营销信息传递到目标用户,由此网络用户就处在了营销信息的汪洋大海中。

(二) 购买行为的直接性

互联网直接为企业和用户架起了沟通的桥梁,用户在购买前、购买中、购买后等过程中都可以与企业直接沟通,交易活动可以在任何时间、任何地点进行,减少了中间环节,降低了交易成本,实现了企业和用户的直接交易。目前,网上购物一片火热,而传统线下销售渠道则面临着逐年衰减的趋势。

(三) 用户体验的缺乏性

互联网在为用户购物创造便利性的同时,也存在着用户缺少直接购物体验的先天不足。在网络交易中,商家不能为消费者创造一种实体的购物场景,消费者看不见、摸不着实体商品,不能先行试用商品,无法为消费者带来实实在在的消费感受。这样导致网上购物退货率的上升。另外,消费者不能即时感受到购物带来的快乐。

（四）交易行为的分开性

在传统购物中，消费者一手交钱，一手拿货，钱货两清，即买即走；而在网络购物中，消费者先付款，然后通过线下快递才能拿到实体商品，商品到货时间远远滞后于付款时间。虽然社会整体信用环境在向着越来越好的方向发展，而且第三方购物平台为买家提供很多消费者保障服务，但是，这种钱货分开的交易行为使消费者感到购买风险很大，而且由于缺少直接的购物体验，更加剧了消费者的购后失调感。

二、网络市场的特征

随着互联网应用的普及和网民数量的急剧增长，网络市场从传统实体市场中独立出来，成为了整体市场的一个重要组成部分，众多的网络用户构成了网络市场。网络市场的经营不受时空限制，是一种无实体店铺、无存货的经营方式。一切网络营销活动都是围绕着网络市场而开展的。

（一）网络市场的广泛性

互联网技术突破了物理距离的限制，使得网络市场的空间大大扩展。只要能够接入互联网，任何地方都可以成为网络市场的一部分。从过去受地理位置限制的局部市场，一下子拓展到范围广泛的全球性市场，企业网络营销活动面对的是开放的和全球化的市场。另外，互联网技术也突破了时间的限制，使得网络市场可以全天候运行，网络交易行为也可以随时发生。网络交易的实时进行进一步促进了网络市场空间范围的扩大。

（二）市场需求的个性化

有人说，互联网的本质是消除信息不对称。在网络市场中，消费者将拥有比过去更大的选择自由，他们可根据自己的个性特点和需求在全球范围内寻找满足品，不受地域限制；还可以根据自己的需求直接向企业下订单，参与产品的设计制造和更新换代,使企业的营销环节大为简化,因此,消费者由原来的被动接受转变为主动参与,消费者个性化需求的满足成为可能。

(三)用户之间的互动性

在互联网上,每个人有浏览信息的权利,也都有发言的权利。在网络交易中,购物平台为了消除用户的购买风险,鼓励用户放心购买,一般会设置买家评价功能,请买家在购买后发表评论和给予打分评价。这种做法能够把用户的意见传递给企业,促进企业和用户的沟通,消除买家的购后失调感,更重要的是在用户之间形成了互动,有助于其他用户了解产品信息,吸引更多的潜在顾客。这些互动的评价对企业营销活动有着非常重要的影响,这是传统营销所不具备的。

(四)网络交易的非虚拟性

"在互联网上,没有人知道你是一条狗",这是一句广泛流传的话,以此来说明互联网的虚拟性。① 其实,不管是卖家还是买家,在网络市场上都是实实在在的。在第三方购物平台上,商家和用户为了实现交易,都需要填写自己的真实资料并经过审核才能注册为网站会员;在自营购物平台上,企业也尽可能提供证明自己真实存在的信息,以提高网站的可信度,让买家放心购买。另外,O2O 模式、企业从线上向线下延伸等充分说明了网络交易是实实在在的,不是虚拟的。

三、网络营销策略

1960 年,美国营销学者杰罗姆·麦肯锡提出了著名的 4P 营销组合策略理论,即产品(Product)策略、价格(Price)策略、分销(Place)策略和促销(Promotion)策略。4P 营销组合策略理论对市场营销理论和实践产生了

---

① 冯英健. 网络营销基础与实践(第四版)[M]. 北京:清华大学出版社,2013.

深刻的影响，被人们奉为市场营销的经典理论。网络营销是企业以互联网为手段开展的营销活动，是市场营销的一个新领域。在企业网络营销活动中，营销的主体、客体和基本的市场环境并没有发生根本性改变，营销的核心还是更好地满足顾客的需求，因此，网络营销策略不可能脱离 4P 营销组合而另起炉灶，从已有的文献资料看，以 4P 营销组合策略理论为基本框架研究网络营销策略，这是主流的观点。

但是，由于互联网环境和传统实体环境并不是完全相同的，网络市场毕竟不是传统实体市场，网络消费者有自己独特的购买行为特点，所以，4P 营销组合策略理论作为网络营销策略也发生了一定的变化，4P 营销组合策略理论不仅仅是简单地由传统实体市场向网络市场上复制和延伸，更重要的是基于互联网技术和网络市场的特点在网络市场上的变化和创新。同时，企业在互联网上开展营销活动，一方面面临着本企业的营销信息被信息海洋淹没、用户浏览不到的境地，另一方面又面临着由于看不到实体商品、钱货交易不同步而导致用户不信任的情况，因此，企业还需要有适应网络市场独有特点的平台策略和参与策略等。

（一）产品（Product）策略

企业对任何产品都可以开展网络营销活动，至少可以开展网络推广活动。在网络上，由于顾客看不到、摸不着真实的产品，因此，企业开展网络营销活动要关注产品在网络上的表现形式。除了一般的文字、图片和视频等信息表现形式外，企业更应该精心打造产品的网络品牌，重视产品的网络口碑的表现。同时，企业也不能忽视那些在线下为顾客提供的各种附加利益，如送货、安装和维修等，以提升顾客的感知价值。另外，在网络营销中，企业要重视顾客对产品的体验，体验已成为产品的重要组成部分之一。

（二）价格（Price）策略

网络营销的最大特点在于消费者占主导地位，消费者拥有比过去更大的选择自由，企业更多地采用基于需求导向和竞争导向的定价方法。在网络经济中，互联网能够帮助企业降低生产和库存等成本，同时，消费者易于比较产品的价格，企业经常采取低价的定价策略。顾客通过互联网直接与企业沟通，根据自己的意愿定制产品，企业可以采取定制生产定价策略。为了能够获取消费者剩余，降低库存，提高竞争力，企业可以实行动态定价。免费是互联网的商业模式，为了推广产品和获得更多的用户，企业经常采取免费定价策略。

（三）渠道（Place）策略

互联网为企业与顾客的连接创造了一种新的渠道，也是直接的销售渠道，因此，渠道不再仅仅是实体的，而是线上线下结合的，甚至完全是线上的。目前，网上销售已发挥出越来越重要的作用，网上销售渠道已成为企业一条重要的销售渠道，甚至有的企业仅仅开展网上销售。企业开展网上销售，可以自建销售平台，如企业官方商城，也可以利用第三方平台，如网上商店，二者优劣势互补。企业自建销售平台具有独立性，但是在建设、维护和推广平台上需要投入较大的资源；企业利用第三方平台开展网上销售，不需要投入较大的资源，但是受制于第三方平台，顾客主要来自第三方平台的访问者。另外，第三方平台上竞争者较多，且竞争较激烈。

（四）促销（Promotion）策略

人与人之间的社交活动有约定俗成的礼仪，在互联网世界中，也同样如此，即存在网络礼仪供互联网使用者遵守。互联网是一个平等、开放的市场环境，企业开展促销活动要遵守网络礼仪，要开展软营销，不能强势灌输，否则会受到用户的惩罚。由于互联网信息沟通的双向性，企业的促销活动能够得到用户的反馈，而用户的反馈也能得到企业的及时响应。利用互联网技术，企业可以开展基于用户行为特点的促销活动，如基于用户浏览行为的网页定位广告和基于用户购买行为的交叉销售等。另外,基于互联网技术,企业可以开展丰富多彩的促销活动,网络促销手段比传统促销手段更加灵活多样。

(五)平台(Platform)策略

在企业网络营销活动中,信息源是网络营销的基础,用户通过各种渠道找到信息源获取更多的信息,这是访问者转化为真正顾客的前提条件。为了让更多的用户通过各种渠道获得企业的营销信息,企业必须在尽可能多的平台上建立信息源,以增大用户访问的机会。但是,当众多的企业在各种平台都建立信息源时,由于用户的注意力是有限的,如果企业的营销信息在平台上出现的位置靠后,被用户发现的机会就会大大降低,所以,对于平台策略而言,企业不仅要在众多的平台上建立信息源,而且还要使信息源在各个平台上排名靠前,这样,才能保证良好的网络营销效果。随着跨境电商的兴起,平台策略在企业国际营销活动中越来越发挥着重要的作用。

(六)参与(Participation)策略

在互联网上,由于看不见、摸不着商品的实体,不能先行试用商品,导致用户对产品的认识不全面、不深刻,进而在一定程度上不相信产品和企业。为了消除用户的不信任感,充分利用互联网信息传递的方便性,让用户参与进企业的网络营销过程中,了解产品、企业,为用户创造一种新的购物体验。用户参与企业的网络营销过程,主要包括参与产品的研发和产品的推广。如小米手机,从产品开发到客户服务,与用户密切沟通、深入互动,在公司运转的各个环节尽量开放给用户,让用户参与进来,在一定程度上用户的参与成就了小米。另外,在互联网上我们经常看到或者参与的病毒性营销活动,就是用户在试用产品的基础上或基于利益驱动下主动参与产品推广的典型方式。当然,基于用户核心需求基础上的参与,才能给用户带来完美的体验。

网络营销策略是一套能够影响网络市场需求的企业可控制的因素，包括产品、价格、分销、促销、平台和参与等策略，这些因素构成一个有机整体，相互配合，优势互补，发挥整体效应，是企业开展网络营销活动的工具和手段。在网络营销策略中，基于网络可见度的平台策略和基于网络可信度的参与策略是基础，唯有网络用户建立在可见度和可信度的基础上，产品、价格、分销和促销等策略才会有效，企业的网络营销活动才可能会成功，如图2-1所示。

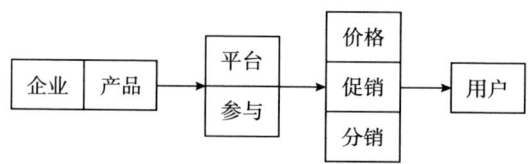

图2-1　网络营销策略组合

四、网络营销方法

网络营销方法是指企业利用互联网工具和服务开展营销活动的手段、措施等。目前，常用的网络营销方法有企业网站营销、搜索引擎营销、许可E-mail营销、网络广告、博客营销、微博营销、微信营销、短视频营销等。可以说，没有这些网络营销方法，企业就不能在互联网上开展营销活动，更谈不上实现企业的营销目标。

互联网工具和服务是信息的载体，也就是信息发布、传递和交互的载体，如企业网站、搜索引擎、电子邮件、博客、微博、微信等。实际上几乎每一种常用的互联网工具和服务都有一定的网络营销价值，以每一种工具为依托，相应地会产生一种或多种网络营销方法，如以搜索引擎为依托，产生了关键词广告和搜索引擎优化等网络营销方法。因此，互联网工具和服务是网络营销方法的基础。

在互联网的发展历程中，随着互联网技术和应用的不断发展，互联网工具和服务不断涌现，有的持续发挥着重要的作用，如网站、搜索引擎和电子邮件等，有的在一定时期内具有较大的网络营销价值，但在互联网的长期发展和新技术革命中难以升级进化，因而逐步退出历史舞台，如分类目录、聊天室等。建立在互联网工具和服务基础之上的网络营销方法也相应发生变化，新的网络营销方法不断出现，有的网络营销方法持续发挥着作用，有的网络营销方法随着互联网工具和服务的退出而被淘汰。从网络营销发展历史过程看，网络营销方法层出不穷，新旧交替频繁。

（一）网络营销方法的分类

互联网之所以被用于营销活动，其主要原因是企业能利用互联网将营销信息传递给用户，也就是互联网为企业和用户之间沟通和交流开辟了一条新的信息传递渠道。在网络信息传递过程中，企业首先将营销信息按一定方式组织和存储为信息源，然后通过一定的渠道传递给用户，同时，用户也可以利用同一传递渠道将信息反馈给企业。根据这一信息传递过程，可以建立如图 2-2 所示的网络信息传递模型：

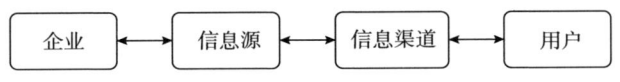

图 2-2　网络信息传递模型

根据网络信息传递模型，企业利用网络营销方法开展营销活动，实质上是利用网络营销方法创建信息源和建立信息传递渠道，因此，可以把网络营销方法划分为创建信息源的内容营销方法和建立信息传递渠道的渠道营销方法两类。

1. 内容营销方法

不管是企业直接向用户传递信息，还是用户主动获取信息，归根结底都来源于企业创建的信息源。可以说，信息源是企业开展网络营销活动的根据地。企业网络营销信息源主要包括企业网站、企业博客、企业微博、企业微信公众号、企业App等，相应地，为创建这些信息源，让这些信息源发挥更大的营销价值，企业需要使用企业网站营销、博客营销、微博营销、微信营销等内容营销方法。

2. 渠道营销方法

信息源是企业营销信息的存储地，如果没有渠道与用户发生联系，就会成为信息孤岛，营销价值就不能发挥出来。所以，企业需要通过渠道营销方法将用户引导到信息源浏览企业的营销信息。渠道营销方法也可以称为网络推广方法，主要包括搜索引擎营销、网络广告、E-mail营销、病毒性营销、网络会员制营销等。

（二）网络营销方法的基本条件

在常用的网络营销方法中，一部分是传统营销手段移植到网络营销中，例如，网络广告、E-mail营销等，但更重要的是创新的网络营销方法，如搜索引擎营销、网络会员制营销等。即使一部分传统营销手段移植到网络营销活动中，这些营销手段也发生了明显的变化，例如传统广告移植到网络营销中变成网络广告，网络广告和传统广告有很多的不同，网络广告中的关键词广告、企业互换广告等，与传统广告相比，有着自己独特的规律和特点。研究各种网络营销方法的共性特点以及交替更新的过程，我们可以看出，网络营销方法需要具备下列四个基本条件：

1. 拥有一定数量的互联网用户

网络营销方法所依托的互联网工具和服务必须拥有一定数量的互联网用户,这是网络营销方法产生和存在的首要条件。随着互联网技术和应用的不断发展,新的互联网工具和服务诞生了,当新的互联网工具和服务拥有一定数量的互联网用户时,它就具有了一定的网络营销价值,从而就会产生新的网络营销方法;同时,原有的一些网络营销方法,由于其依托的互联网工具和服务被新的互联网工具和服务所取代,失去了用户的支持,随之就被淘汰了。

2. 信息内容对用户是有价值的

任何一种网络营销方法,都是为用户提供信息或传递信息的。在网络营销信息传递过程中,用户并不需要了解企业创建了什么信息源,也不关心信息传递的渠道,这些是企业做的事,用户最关注的是信息内容是否有价值,如果信息内容和自己无关或者不感兴趣,即使进入了信息源,迟早也会退出。可以说,信息内容直接影响到网络营销方法的最终效果。这也是为什么内容营销方法一直占据着网络营销方法核心地位的原因所在。网络营销方法所提供或传递的信息必须对用户是有价值的,这是以用户为核心的网络营销理念的体现。

3. 信息形式对用户友好

信息内容需要通过一定的形式表现出来,如文字、图片、视频、音频等。企业在创建信息源时,除了考虑信息内容要对用户有价值之外,还要注意信息的表现形式要能够便于用户浏览,以及便于用户获取信息,也就是考虑信息形式要对用户友好。信息源并不是什么神秘之处,没有什么创建秘诀,也无须太多华而不实的新技术、新功能,只要真正从用户出发,关注用户的浏览体验,用最简单的手段就能创建一个令用户满意的信息源。这也就是为什么文字一直是信息源主要表现形式的原因。

4. 企业和用户能够实时交互

交互是指企业能够向用户传递信息，用户也能够向企业反馈信息，即信息传递是互相的、双向的。互联网创造了一个平等、开放的环境，在互联网环境中，用户的话语权明显增强，用户地位显著提升，就在于用户能够和企业实时交互。这也是网络营销相对于传统营销的优势之一。随着社会化网络营销和移动互联网的崛起，各种网络营销方法的实时交互越来越普遍，如微博营销、微信营销的快速发展，已成为主流的网络营销方法。实时交互是提高企业营销信息传递有效性的保障。

网络营销方法是网络营销的主体内容，网络营销的发展实质上是网络营销方法的发展。网络营销方法的基本条件有助于我们判断和预测新的网络营销方法的出现以及原有网络营销方法的退出。同时，这四个基本条件也对具体的网络营销方法具有指导和解释意义。

五、网络营销策略和方法的关系

网络营销策略是企业开展网络营销活动使用的各种方式、方法、技巧、措施和工具等的总和；网络营销方法是企业运用互联网工具和服务开展网络营销活动的手段、方式等。网络营销策略和网络营销方法既有区别又有联系。网络营销策略具有复合性，属于"战略"范畴，是组织和开展行动的方针，能对网络营销方法的使用进行有效的指导；网络营销方法侧重于解决问题的实施过程，属于"战术"范畴，一般具有行为的特征，且有操作的成分。可以说，网络营销策略包含网络营销方法，且能够决定网络营销方法，网络营销方法是网络营销策略的具体化，支撑网络营销策略的实现。网络营销策略和网络营销方法的区别如表2-1所示。

表 2-1　网络营销策略和网络营销方法的区别

区别	目的	内容	层次
网络营销策略	企业如何开展网络营销活动	网络营销策略制定和实施	网络营销实现的内容，属于战略范畴
网络营销方法	企业网络营销如何做才更有效	网络营销方法的使用	网络营销实现的手段，属于战术范畴

第四节　课程内容体系建构原则

虽然不同高校的市场营销专业在人才培养目标和人才培养规格上可能不一致，但是大同小异，无非是理论知识的掌握、实践能力的培养和综合素质的提升等内容。在具体的教学方式方法上，也无非是理论讲授、项目教学、案例教学、混合式教学和实验实训等，目的都是为了调动学生的学习积极性和主动性，提高教学质量和教学效果。许多高校教师对网络营销课程教学进行了改革和创新，但是不论如何改革和创新，课程内容都是核心。如果不能构建科学的课程内容体系，教学改革可能会导致舍本逐末，甚至是缘木求鱼。网络营销课程要构建科学的内容体系，需要遵循正确的建构原则。

一、遵循市场营销的基本理论和原理

网络营销的概念有很多版本，将其归纳，不外乎一句话，企业以互联网为主要手段开展的营销活动。因此，归根结底，网络营销是市场营销的一个领域而已。企业开展网络营销活动出于以下两方面的目的：一是网络市场的出现，网络营销为网络市场的顾客服务；二是以互联网为手段，网络营销为实体市场的顾客服务。在网络营销活动中，营销的主体、客体和基本的市场环境并没有发生根本性改变，营销的核心还是更好地满足顾客的需求，企业的网络营销活动还是应该遵循市场营销的基本理论和原理。所以网络营销课程内容体系的建构应该遵循市场营销的基本理论和原理，那些完全抛弃市场营销基本理论和原理来建构网络营销课程内容体系的教材可能会导致学习者有一叶障目、管中窥豹的迷惑。

作为市场营销专业的一门核心课程，网络营销不能游离于市场营销专业的课程体系之外。因此，在高校市场营销专业教学领域，以传统市场营销理论体系建构网络营销课程内容体系的教材影响很大。但是，互联网环境和传统实体环境并不是一致的，网络市场有其独特的特点，网络营销有自身相对独立的理论和方法体系，所以网络营销课程内容体系建构不应拘泥于传统营销课程体系，在遵循市场营销的基本理论和原理的前提下，从网络营销的实践出发研究网络营销的内容才是科学之道。

二、以网络营销方法为主体内容

网络营销方法和传统营销手段不同，网络市场和实体市场也存在着很大差异，建立在网络市场和网络营销方法上的网络营销活动肯定与传统营销活动不相同。因此，反映网络营销活动的网络营销课程内容必须考虑网络营销方法和网络市场的独特性。网络市场不是实体市场简单地向互联网环境中的延伸，网络营销活动也绝不是传统营销活动在互联网环境中的复制。

在常用的网络营销方法中，一部分是传统营销手段移植到网络营销中，如网络广告、E-mail 营销等，但更重要的是创新的网络营销方法，如搜索引擎优化、网络会员制营销、微信营销等。即使传统营销手段移植到网络营销中，这些营销手段也发生了明显的变化，如传统广告移植到网络营销中变成网络广告，网络广告和传统广告有很多的不同，如企业可以互换广告等。对于市场营销专业来讲，网络营销方法是一种全新的营销手段，理解和掌握这些方法的原理和应用是学习的重点，因此网络营销课程内容应充分考虑网络营销方法的独特性，将网络营销方法作为课程的主体内容。

三、考虑学科的交叉性

网络营销是计算机科学与市场营销科学的一门交叉学科。对于市场营销专业来讲，学习网络营销的难度在于互联网技术和原理。虽然高校普遍开设了计算机文化基础等课程，网页制作也成为与 Word、Excel、PowerPoint 等办公软件一样普及的知识和技能，但是，笔者根据多年的网络营销教学实践发现，在企业网站建设推广和搜索引擎优化这两大知识点上，市场营销专业学生学习难度普遍很大，认为非常抽象和难以理解。而这两大知识点恰恰是网络营销的核心和重点内容。究其原因，在于学生对互联网技术和原理的不熟悉。虽然学习网络营销更多的是理解和掌握网络营销的思想与网络营销的具体方法，但是，没有一定的互联网技术和原理知识作为基础，是很难学好网络营销课程的。因此，网络营销课程的内容也应该包含网页源代码和搜索引擎检索等部分互联网技术知识等。

与电子商务及相关专业学生不同的是，市场营销专业学生不具备较多的互联网技术知识，学习与网络营销相关的各种互联网技术很困难。同时，企业网络营销活动有两个错误导向：视觉导向和技术导向，认为网站建设越美观和技术越高级就越好。这两个错误导向违背了网络营销以用户为核心的指导思想。所以，网络营销在立足于市场营销专业人才培养的前提下，教学重点在培养学生正确的网络营销思想的基础上，根据网络营销的实践性，学习掌握并运用各种网络营销方法，提高网络营销实践能力。

从应用型人才培养逻辑上来讲，网络营销课程是支撑市场营销专业实现人才培养目标和达到人才培养规格而设置的。也就是说，市场营销专业人才培养目标和人才培养规格为网络营销课程构建内容体系指明了方向。上述三条具体的建构原则也应该符合应用型人才培养逻辑，支撑市场营销专业人才培养目标和人才培养规格的达成。

第五节 课程内容更新机制

在网络营销教学中，网络营销方法是课程的主体内容，学生主要学习各种网络营销方法的原理和操作。随着互联网的快速发展和普及应用，建立在互联网工具和服务基础上的网络营销方法也随之发展变化，且新的网络营销方法纷纷出现，过时的网络营销方法逐渐被淘汰。在网络营销方法更替迭代后，网络营销课程内容也应随之更新，以求跟上网络营销实践发展的步伐。

课程内容滞后是网络营销教学存在的一个重要问题，主要原因在于网络营销方法更替迭代频繁，而且网络营销实践活动仍在快速发展中。因此，有必要探索建立一种课程内容更新机制，以使网络营销教学内容同步于实践的发展。既然网络营销方法是网络营销课程的主体内容，并且其更替迭代是网络营销课程内容滞后的主要原因，那么从网络营销方法入手建立网络营销课程内容更新机制就是水到渠成的事情。

当一种新的互联网工具和服务出现之后，建立在该工具和服务上的网络营销方法就随之诞生，并成为一种新兴的网络营销方法。如果互联网工具和服务持续发挥着重要的作用，那么与之相应的网络营销方法就会发展成为主流的网络营销方法,在企业网络营销活动中占据重要的地位;如果互联网工具和服务在互联网的快速发展和新技术革命中难以升级进化,因而会逐步退出历史舞台,那么与之相应的网络营销方法就会随着互联网工具和服务的退出而被淘汰。

网络营销方法的更新迭代不仅是一种网络营销方法取代另一种网络营销方法,更重要的是当互联网工具和服务发生重大变革时,如技术型搜索引擎、移动化和社交化的互联网应用等出现,与之相应的网络营销方法推动网络营销思想发生质的变化,网络营销面貌为之一新,并进入一个新的发展阶段。

根据网络营销方法的发展过程和更新迭代规律,可以简单地建立如图2-3 所示的网络营销课程内容更新机制模型。

图 2-3　网络营销课程内容更新机制模型

人们的生活已离不开互联网,我们每一个人都是企业网络营销的对象,因此,一种新的网络营销方法的诞生,网络营销教师会在第一时间接触到,而且也会意识到是否需要纳入教学内容。但是由于缺少实践经验,网络营销教师很难及时掌握新的网络营销方法的原理和操作应用等知识。为了及时更新教学内容,网络营销教师可以在教学计划中预留出一定的学时,邀请企业教师进入课堂讲授新兴网络营销方法。随着产教融合、校企合作的深入推进,这种更新教学内容的模式简单易行。

如果新兴网络营销方法能够发展成为主流网络营销方法,在其发展过程中,网络营销教师熟悉掌握了其原理和操作等知识,并将其作为课程的重要内容由自己来讲授，网络营销课程内容也就得到了局部性的更新。

如果新的主流网络营销方法的出现引发了网络营销思想的重大变化，网络营销课程内容也就得到了较为彻底的更新。例如，随着技术型搜索引擎（如谷歌、百度）的兴起，互联网搜索技术发生了重大变化，网络营销思想转向了技术导向，开创了内容营销的新思维，推动了网络营销教学内容全面变化。网络营销思想的变化代表着网络营销发展的新阶段。目前，大数据和人工智能是互联网发展的重要方向，以大数据和人工智能技术为基础的网络营销很可能会带来网络营销的突破性发展，产生新的网络营销思想。

网络营销教师要密切关注新兴网络营销方法的更新，它是判断教学内容是否滞后的最直接的标志。在主流网络营销方法和网络营销思想发生变化时，由于研究的文献资料很多，网络营销教师只要将相关研究成果及时纳入课程内容，就能确保教学内容不落后、不过时。当然，网络营销教师也应开展科学研究，跟上实践和学科发展的步伐，切实推动教学内容的及时更新。

第六节　课程内容体系

网络营销是基于经济学、管理学、市场营销学和网络信息技术等学科基础上发展起来的一门新兴学科，课程内容涉及市场营销学、电子商务、广告学、计算机网络、多媒体技术等多个领域，涵盖领域广泛，包含内容较多。网络营销课程强调理论知识与实际应用相结合，注重学生实践能力的训练和创新创业精神的培养。

一、网络营销课程内容体系建构

根据网络营销课程内容体系建构原则，考虑网络营销课程内容体系主要模式的优缺点，结合企业网络营销实践的发展，坚持以市场营销基本理论和原理为指导思想，以网络营销策略为主线，以网络营销方法及工具为主体，同时兼顾互联网技术相关知识和内容更新机制等来构建网络营销课程内容体系。具体为将网络营销课程内容分为四大部分，如图2-4所示。

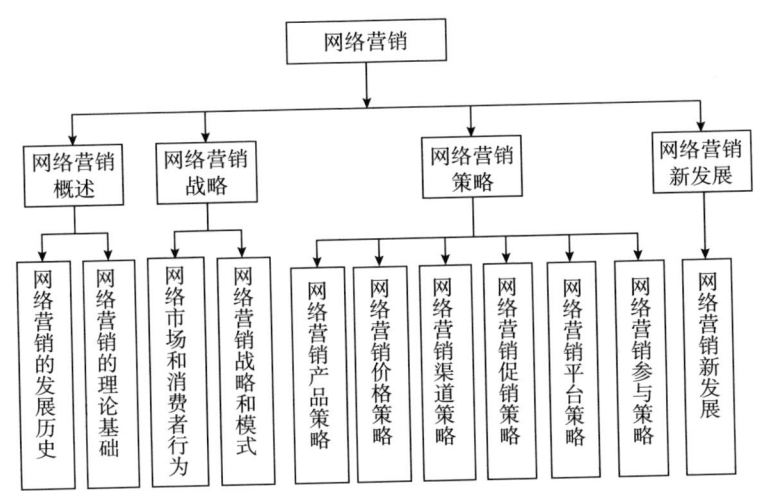

图2-4　网络营销课程内容体系图

（一）课程内容体系

第一部分为网络营销概述，包括网络营销的发展历史、网络营销的概念、网络营销职能和网络营销的理论基础等。该部分主要是让学习者对网络营销有一个整体认识。

第二部分为网络营销战略，包括网络市场和网络消费者行为、网络营销战略和网络营销模式等。网络营销的主要内容不仅是网络营销策略和网络营销方法，还应包括在对网络市场和网络消费者分析研究基础上制定的网络营销战略和网络营销模式。

第三部分为网络营销策略，包括网络营销产品策略、网络营销价格策略、网络营销渠道策略、网络营销促销策略、网络营销平台策略、网络营销参与策略等。

网络营销方法是网络营销的主体内容，各种网络营销方法在网络营销策略中介绍。在网络营销产品策略中介绍网络产品整体概念、网络品牌、产品体验等，在网络营销价格策略中介绍网络定价方法和网络定价策略，在网络营销渠道策略中介绍网上销售渠道、O2O模式、网络会员制营销等，在网络营销促销策略中介绍网络广告、站点推广、网络促销方式等，在网络营销平台策略中介绍企业网站营销、搜索引擎营销等，在网络营销参与策略中介绍微信营销、微博营销、病毒性营销等。

第四部分为网络营销新发展，包括新兴的网络营销方法、网络营销的新领域和新概念等。该部分内容具有开放性和扩展性，随着企业网络营销活动热点的变化而实时变化。

（二）课程内容体系的特点

上述网络营销课程内容体系模式既继承了4P延伸体系模式和网络营销方法体系模式的优点，又克服了4P延伸体系模式、网络营销方法体系模式和混合体系模式的缺点，具有以下两个特点：

一是从内容体系框架上看，该模式遵循了市场营销本科专业相关领域营销类课程从营销战略到营销策略的内容结构逻辑，确保了学生在学习网络营销课程时专业思维的一致性。从形式上看，该模式属于4P延伸体系模式；但是，从具体内容上看，这种课程内容体系不仅强调了4P在网络市场中的创新，而且创新了新的网络营销策略——平台策略和参与策略。

二是该模式内容体系以网络营销方法为主体内容，将网络营销方法有机融合于网络营销策略中，解决了网络营销策略与网络营销方法的关系问题。网络营销策略决定网络营销方法，网络营销方法支撑和服务网络营销策略。以网络营销策略为主线将各种网络营销方法有机联系起来，克服了网络营销方法体系模式与市场营销基本理论与原理相脱节，以及混合体系模式内在逻辑结构混乱的问题。

二、网络营销课程内容特点

网络营销课程以培养学生网络营销的策划、组织、实施、管理能力为目标，主要学习网络营销的基本概念和理论、网络环境下消费者行为、网络目标市场战略、网络营销策略以及企业网络营销策划等知识。根据课程教学目标和课程内容体系，网络营销课程内容具有以下特点：

（一）多学科交叉

网络营销是伴随着互联网发展诞生的一门新兴学科，将市场营销理论、计算机网络技术、多媒体技术应用到了互联网商业领域。因此网络营销课程中不仅包括传统的市场营销的内容，还包括网站建设与推广、搜索引擎营销、微信营销、网络广告和网络文案策划等内容，其课程内容呈现出多学科交叉融合的特点。

（二）实践性较强

网络营销借助计算机网络技术、多媒体技术将市场营销战略策略应用到互联网环境中，已成为企业营销活动的主要方式，课程的实践性尤为突出。在教学过程中，网络营销课程需要积极开展理实一体化教学，重视实践操作环节，在强化学生理论知识理解与掌握的同时，提高实践操作能力。

（三）内容更新快

网络营销是研究企业在网络市场上开展营销活动的一门课程。随着网络技术的快速发展和各种互联网工具和服务的应用，新的网络营销工具和方法迭代出现，企业的网络营销活动也随之变化、随之提高。网络营销课程必须紧跟企业网络营销活动发展的步伐，及时更新教学内容，才能确保知识不落后于时代。

网络营销课程内容体系不是固定不变的，它将随着人们对网络营销认识的深化和网络营销实践的发展而动态变化。网络营销课程内容体系也不是单一的，它将随着人们研究视角的差异和职业岗位需求的不同而呈现出多元化的发展趋势。立足于专业人才培养、紧跟网络营销实践发展的内容体系才是一个理想的网络营销课程内容体系模式。

第七节　课程思政

课程建设是人才培养和专业建设的重要一环，在学生掌握专业知识、培养能力和素质过程中发挥着非常重要的作用。网络营销是市场营销专业的一门专业核心课程，与互联网、创新创业、社会关系网络、法制规范等关系密切，也是市场营销专业开展思想政治教育的主阵地之一。特别是，大学生群体已成为网络的主力军，"00后"是资深的网络"原居民"，其身心发展与价值观的形成深受互联网的影响，作为一门研究企业在互联网上开展营销活动的课程，网络营销课程开展网络思政教育具有天然的优势。在课程思政的背景下，网络营销教师必须充分挖掘课程中的思政元素并融入到日常教学过程中，才能对学生思政教育产生实实在在的效果。

一、网络营销课程思政教育实施的原则

(一) 以学生为中心

在立德树人根本任务的引领下,高校是培养经济社会发展所需人才的主阵地。对思政教育来说,以学生为中心的原则尤为重要。相对于能力的提升而言,思政教育效果是隐性的,如果教育引导不能真正影响学生的思想和行为,以及得到学生的认同,那教育效果将难以保证。只有立足于学生发展的实际,根据学生的需求和特征,网络营销课程有针对性地进行教学设计,多角度、多渠道、全方位地开展思想政治教育,才能确保最终取得实效。

(二) 注重渗透和疏导

学生的思想意识和价值观是在潜移默化中逐渐形成和确立的,这体现了教育本身具有润物无声的渗透作用。在网络营销教学过程中,教师必须结合学生的实际情况,循循善诱,春风化雨,潜移默化感染学生,引起学生思想上的共鸣。同时,积极疏导解决学生的各种困惑和问题,充分激发学生的自主性,引导学生独立思考,正确认识自己,处理好自己与他人的关系,培养良好的思想道德品质。

(三) 与教学过程紧密融合

思政工作不是"空"的、"虚"的,网络营销教师要将思政工作融入课程教学过程中。大学生是一个特殊的群体,世界观、人生观、价值观尚未定型,自身存在一些弱点和不足,如缺乏学习的兴趣和动力,知识储备相对较少,对事物的看法存在不成熟的倾向等,由此容易产生很多问题。教师在教学过程中应关注学生个体差异,了解学生的多样化需求,帮助其解决学习和生活中的问题,让学生在面对问题、解决问题的过程中得到启迪,并明白做人做事的道理。同时管理、服务好学生,对他们的不良行为加强约束,做好

价值引领，引导他们树立积极向上的人生观和价值观。

二、网络营销课程思政的主要元素

课程思政是金课建设的重要内容之一。所谓金课，必须是知识传授、能力培养和价值塑造的三者统一，而价值塑造强调的就是课程思政。推进网络营销课程思政建设，需要在注重知识传授和能力培养的基础之上，考虑如何进行思政教育或者有意识地加强思政教育，也就是要重视在知识传授和能力培养中彰显价值引领。因此，深入挖掘课程内容中的思政元素是网络营销开展课程思政的第一步。

（一）网络法律意识的增强

在互联网上，每个人都变成了电子化飞速运动的存在体，人的存在方式和人与人之间的交往方式都发生了改变，人在现实世界中那些显著的特征，诸如性别、年龄、相貌、职业等都能借助网络得以修改和隐藏，从而使人的存在和行为变得虚拟化。很多人会认为网络是一个虚拟社会或虚拟空间，特别是对于涉世未深的大学生更是如此。因此，各种不负责任的信息、违反法律和社会公德的信息等在互联网上泛滥。

网络营销是企业以互联网为手段开展的营销活动。而各种网络营销手段都是实实在在的，而且比传统营销手段更容易跟踪了解用户的行为特点。例如，借助于网站访问统计分析软件，可以确切知道网站访问者来自什么地理区域、什么时间登录网站、在网站上停留了多少时间、浏览了哪些网页、重点浏览了哪个网页等。而随着大数据技术的发展，人们在互联网上的每一个行为都会留下痕迹，通过一系列的综合分析，大数据能够为每一个用户精准画像，清晰掌握用户的消费需求和消费特点。因此，网络营销根本不能称为虚拟营销，它甚至比传统营销更实实在在。

第二章 网络营销课程内容体系

在网络营销课程的网络营销概念、网站访问统计分析和大数据营销等内容中，我们以讲解网络营销的非虚拟性，借此强调互联网不是法外之地，每个人都要对自己网络上的言行负责。在微信营销、微博营销、病毒性营销等活动中，企业要遵守法律法规和社会公德，不能为了吸引眼球而乱发言论；在 E-mail 营销中企业不能乱发垃圾邮件滋扰用户；在搜索引擎营销中企业要反搜索引擎作弊，不能误导和欺骗用户等。网络营销的发展其实是一个反垃圾、反欺诈、反骚扰、反作弊的过程，它契合了思想政治教育的原则与目的。在互联网上，每一个人都要遵守法律法规和社会公德，承担起应负的社会责任，不要在网络上滥发言论，更不能做诈骗等违法的事情。

（二）脚踏实地、持之以恒精神的培养

在互联网上，由于信息传递的快捷性和互动性，信息很容易像病毒繁殖那样迅速传播，并产生一夜爆红的现象。这对于大学生具有特别的吸引力，几乎人人都想自己能一夜爆红。

在网络营销中，内容营销是一种主要的营销方式，包括企业网站内容运营、企业博客营销、企业微博营销、微信公众号内容运营、自媒体内容平台账号运营等网络营销方法。但是，如果没有一定量的用户访问或关注企业网站、博客、微博、微信公众号、自媒体账号等企业的网络营销信息源，内容营销包括的这些网络营销方法的价值会大打折扣，甚至为零。因此，企业需要采取一定的措施开展网络推广，让用户知晓并进而访问或关注网络营销信息源。但是，用户访问或关注的前提条件是企业的网络营销信息源能够为用户提供有价值的信息，否则，即使用户访问或关注了企业的网络营销信息源，一旦发现没有获得有价值的信息，用户就会马上离开或取消关注。另外，发生一夜爆红现象的前提是必须以拥有一定量的用户为基础，而这一定量的用户是企业一步一步为用户提供有价值的信息积累而成的。

因此，企业开展内容营销的基础是脚踏实地、持之以恒地建设网络营销信息源，而不是依赖一时的吸引眼球、标题党或者炒作等。通过学习内容营销的各种网络营销方法，学生应该明白，所有的一夜爆红从来都不是一蹴而就的，而是只有脚踏实地、持之以恒，才能厚积薄发。

（三）创新精神和创业意识的培养

习近平总书记强调："创新是社会进步的灵魂，创业是推动经济社会发展、改善民生的重要途径。青年学生富有想象力和创造力，是创新创业的有生力量。"目前，高校创新创业教育已经走出尝试探索阶段，而要实现高水平发展，必须将创新创业教育贯穿大学生在校学习的全过程，而不是成为大学生毕业前的"临门一脚"教育。因此，要大力推动创新创业教育与专业学习的紧密结合，让学生在创新创业中巩固专业知识，在专业学习中提高创新创业能力，才能为经济社会发展培养大批能创新会创业的高素质人才。

网络营销课程的主体内容是各种网络营销工具和方法的原理及应用，而几乎每一种网络营销工具和方法的背后都有一个个互联网人艰辛创新创业的励志故事，如网络购物与杰夫·贝索斯、马云和刘强东，搜索引擎营销与拉里·佩奇、谢尔盖·布林、李彦宏，微信与张小龙等励志故事，这些故事都是极好的思想政治教育素材。将这些故事融入到课程教学中，不仅能够活跃课堂气氛，调动学生学习的积极性和主动性，而且潜移默化地对学生进行创新精神和创业意识的培养、个人奋斗与创业的激发、团队精神与凝聚力的启迪等思想政治教育。另外，在许多网络营销方法的原理中，特别强调创新精神，例如，搜索引擎优化将具有原创内容的网页排在搜索引擎搜索结果的前面，讨厌抄袭复制；病毒性营销活动策划提倡独特的创意，精心设计营销方案，反对跟风等。还有，社会上著名的成功创业者、各种创新创业大赛，很多与互联网相关。因此，网络营销是非常好的培养学生的创新精神和创业意识的课程。

(四) 人生观、价值观、世界观的塑造

在互联网上，为了吸引粉丝、一夜爆红、博取名利，少数人或企业采取打法律擦边球的手段进行恶俗炒作，甚至做一些低俗不雅的事情。特别是在网络直播中更是经常发生。恶俗炒作触及网络文明的底线，严重背离了社会主义核心价值观。如果任其发展，将严重污化网络空间，对大学生的人生观、价值观、世界观产生负面影响。

在网络营销课程中，网络营销方法是主体内容，其目的是对企业及其产品进行网络推广。少数人歪曲利用多种网络营销方法进行恶俗炒作，但是，网络营销方法绝不能与恶俗炒作画等号，各种网络营销方法有其内在规律，也有具体的实施规范，不是毫无底线的网络推广。在网络营销方法教学过程中，通过案例教学、课堂讨论、启发式教学等，明确规范网络推广和恶俗炒作的本质区别，用正确的思想道德观念占领大学生的头脑，引导大学生树立正确的人生观、价值观、世界观，不能为了吸引粉丝而失去底线，从思想上自觉抵制恶俗炒作的行为。

随着智能手机的普及和网络技术的进一步发展，微信、微博、短视频等社交平台成为人们了解最新消息的渠道。但是在这些社交平台上，一些虚假信息屡见不鲜，网络谣言对人们的工作生活带来严重干扰，甚至产生网络舆情，引发现实社会中的实体事件。在网络营销课程中，学生学习微信营销、微博营销、短视频营销等网络营销方法，掌握其信息传递的规范性和严谨性，有助于学生明辨是非，不盲目相信和传播不知来源真假的信息。

三、网络营销课程思政教学方式方法

课程思政讲究"春风化细雨""润物细无声"，也就是教师应在课程教学过

程中举手投足之间影响学生,使其在学习课程知识的同时潜移默化地接受思想政治教育。因此,网络营销课程思政教学必须结合学生特点,选择科学的教学方式方法,将思政元素融合于课程内容中,并贯穿在课程教学过程中。这样不仅能够消除思政元素与课程内容的"两张皮"现象,而且将会达到事半功倍的效果。

(一)案例教学

网络营销属于一门交叉性学科,而且与人们的工作生活联系密切,相关案例较多。通过引入与网络营销知识点相关的思政案例,特别是关于互联网创新创业的案例和体现社会主义核心价值观的网络推广案例,教师能够在无形中开展思政教育活动。学生也可以组成小组自行搜集思政案例,自主分析思政案例,这样不仅能够培养学生分析和解决问题的能力,而且让学生在不知不觉中接受思想政治教育。

(二)讨论教学

互联网上的热点很多,根据课程的知识点和思政要求选择一些网络热点开展研讨,很容易引起学生的共鸣和思考。例如,受疫情影响,人们出行购物不便,刺激了社区团购的发展,各大电商巨头纷纷入局社区团购,与菜市场小商小贩争夺市场,这引起了人们的热议。通过讨论,学生一方面能够认识到科技创新的重要性,另一方面也认识到要承担起推进科技创新的沉甸甸的社会责任。在讨论教学中,教师作为"导演",对学生加以引导和启发,充分体现了"教师为主导,学生为主体"的教学思想。

(三)实践教学

网络营销具有很强的实践性,实践教学是网络营销课程不可缺少的一部分,每一个网络营销方法都有相应的实践项目。例如,开展搜索引擎优化实践项目,让学生切实体验到网站建设是一项长期的、琐碎的工作,没有认真踏实的工作和持之以恒的努力,做任何事情都是很难成功的;组织学生开展

"双十一"网络市场调研,加深学生对网上销售模式创新的了解,切实感受我国国情的深刻变化和未来经济的发展趋势。网络营销的理论来源于实践,实践教学有助于学生深刻理解书本上的知识,推进理论和实践相结合。事实上,实践教学应成为网络营销课程思政的建设重点。

不管采用什么教学方式方法,网络营销课程思政教育需要注意以下两点:第一,显性教育与隐性教育有机融合。教师既要将相关课程知识直接传授给学生,也应在知识传授过程中,融入家国情怀、法治意识、社会责任、人文精神、仁爱之心等思政元素,这些思政元素具有潜藏性,需要借助一定的载体才能更好地表现出来。显性教育与隐性教育相辅相成,共同促进课程思政的发展。第二,师生互动必须始终贯穿于教学全过程,教师不能唱独角戏,更不能单向灌输。教师要实时关注学生的心理状态和反馈情况,特别是了解"00后"大学生的特点,如个性突出、过度依赖网络、思维开放、抗压能力弱等,因势利导调动学生学习的主观能动性,推进课程教学从"以教师为主"向"以学生为中心"的转变,以课程的力量和现代化的教学手段引导和激发学生的主体作用,从而实现课程思政教学效果的最大化。

四、网络营销课程思政考核

在金课建设背景下,当课程教学目标转变为知识传授、能力培养和价值塑造三者有机统一后,课程教学结果的考核评价也必须包括这三部分,即增加思政要素考核,将传统对知识和能力两方面的考核转变为知识传授、能力培养和价值塑造考核三方面并重。同时,知识传授和能力培养的考核评价也发生了一定的变化。

基于此,课程考核评价应围绕课程知识点适量纳入对学生价值认知等主观评价内容,增加考核的人文性和多元性。为此,网络营销课程考核应结合客观量化评价与主观效度检验，综合采用过程性评价和总结性评价等方式，制定较为科学、精细、完善的评价指标体系。这一指标体系既要能够反映学生对课程知识掌握和能力培养情况，又要能够体现专业课程考核中的学生价值观塑造情况，如创新创业精神、网络法律意识、社会责任感等内容，从而实现评价指标体系从一元考核向多元考核的升级。

网络营销课程考核评价指标体系由过程性评价和终结性评价两部分构成。过程性评价包括线上类、课堂类和实践类三项考核，线上类考核包括在线课程学习、线上话题讨论和线上测验；课堂类考核包括考勤和课堂表现；实践类考核以实践报告评价为准，学生根据课程开设的实践项目撰写完成实践报告。在评定成绩时，既考查学生对相关网络营销理论知识的掌握和运用程度，也考查学生对思政教育相关内容的领会情况。过程性评价得分占总成绩的比重暂定为50%。终结性评价依据学生的期末考试成绩，目的在于考查学生对网络营销理论知识的掌握程度，以及应用相关原理分析解决企业实际网络营销问题的能力。期末考试题型灵活多样，且试卷内容以主观题为主，以客观题为辅，结合网络营销实际问题，在主观题目设计中引入体现社会主义核心价值观、创新创业等有关的思政案例，强化思政元素。终结性评价得分占总成绩的比重暂定为50%。

根据专业人才培养目标和课程思政的教学需求，网络营销课程思政建设以"立足专业特色、深挖思政元素、注重学以致用、提高思政素养"为指导思想，通过课程思政教学内容设计、教学方式方法优化、理论教学和实践教学融合、全过程全要素考核评价改进等建设手段，将法律意识、创新创业精神、三观塑造等相关思政知识融入到课程思政的重要环节中，努力探索专业课程思政建设的道路，培养又红又专、德才兼备、全面发展的中国特色社会主义建设者和接班人。

第三章　网络营销课程理论教学和实践教学

网络营销是伴随着网络经济的发展和网络市场的形成而诞生的一门新兴的课程。该课程旨在使学生了解各种网络营销工具的营销价值，掌握各种网络营销方法的基本原理和运营操作，并具备从事企业网络营销活动的理论素养和实践能力。因此，网络营销是一门实践性非常强的课程，该课程教学不仅有理论教学，还有实践教学，二者不可或缺。

第一节　问题提出

随着互联网经济的发展和产业结构的变化，网络营销人才的需求量越来越大，学者们对网络营销教学的关注度也逐渐增强。网络营销作为市场营销专业的核心专业课程，是帮助学生掌握网络营销的基本理论、培养学生掌握网络营销实践能力的必修课程，因此，网络营销课程教学包括理论教学和实践教学。但是研究发现，在应用型本科市场营销专业网络营销课程理论教学和实践教学中，存在着以下四个主要问题：

一、偏重于理论教学，不重视实践教学

这是现阶段应用型本科教学普遍存在的主要问题。导致这个问题发生的原因包括两方面：一方面，教师受传统教学思想的影响，重视课堂讲授，轻视实践操作，认为实践教学仅是作为理论知识的验证而依附于理论教学；另一方面，随着互联网技术的迅速发展，网络营销工具和方法层出不穷，新旧交替频繁，教材中许多网络营销工具和方法在实践活动中已经过时或变异，网络营销理论跟不上实践的发展。

二、偏重于实践教学，理论教学从属于实践教学

作为一门研究企业以互联网为手段开展营销活动的课程，与其他课程相比，网络营销课程最大的优势是实践教学资源特别丰富，教师在互联网上就可以利用各种网络营销工具和方法开展教学活动。所以，教师就有将课堂全部搬进实验室的冲动，学生在实验室里学习训练各种网络营销工具和方法的使用，理论教学成为实践教学的从属和补充。

三、理论教学和实践教学存在"两张皮"现象

一般情况下，理论教学是在教室进行讲授，实践教学是在实验室开展操作，沿袭的方法往往是先理论讲授后实践操作，即在理论指导下的实践，或者有几次教学改革，先实践操作后理论讲授，所以，理论教学和实践教学往往是在两个不同的空间和时间完成的。另外，由于企业网络营销活动发展日新月异，实践教学以最新的企业网络营销活动的内容进行的，而网络营销理

论跟不上实践的发展，理论教学的内容还是落后的知识。这两种原因导致了理论教学和实践教学存在"两张皮"的现象。

四、实践教学质量低

实践能力是学生全面发展的重要因素，实践教学是培养学生实践能力的重要手段，也是衡量教学质量的重要标准。众多网络营销教师已充分认识到实践教学对人才培养的重要性，但是，由于各种主客观因素的影响，网络营销实践教学存在着走过场、流于形式的问题。许多专任教师不重视实践教学、实践经验欠缺、实践教学能力薄弱，实践教学项目内容简单化、实施随意化、参与精英化、评价简单化，校企合作实践教学不稳定、形式化，实践教学条件有限和实践教学投入不足等，这些短板严重制约着网络营销实践教学的质量和水平。

理论教学和实践教学是网络营销课程教学的两大基本形式，两者是辩证统一的关系：实践教学以理论教学为基础，在网络营销理论的指导下开展；理论教学服务于实践教学，为培养学生的网络营销实践能力服务。理论教学和实践教学在网络营销课程教学中不可偏废，二者融合一体化，由此推进网络营销课程教学目标的实现。

第二节 文献综述

网络营销活动诞生于1994年，人们开展网络营销研究也不过20多年时间，网络营销课程教学研究更是进入21世纪的事情。网络营销课程教学包括理论教学和实践教学，并且要重视实践教学。在这一点上，相关研究文献是达成共识的。

一、网络营销理实一体化教学

重理论轻实践，这是众多文献资料普遍指出的网络营销课程教学存在的一个典型问题。在指出这个问题的同时，相关文献资料也提出了网络营销课程理实一体化教学改革的建议。

一是从教学模式或教学体系角度来看，通过构建一定的教学模式或教学体系，可以实现理实一体化教学。周岩（2008）在建设国家级精品课程《网络营销理论与实训》时，设计出"三位一体模块化弹性教学体系"，"三位一体"是指教学体系融合前导课程、理论教学与实践教学三个环节。陈法杰、崔登峰、薄彩香（2016）提出，通过线上与线下两个教学平台的有效对接与充分融合，促进"学、做、创"一体化运行，充分锻炼学生的网络营销理论知识与关键操作技能。肖立（2019）基于 OBE 理念，总结出网络营销课程"教学、实践、科研三位一体"教学模式。曾冬妮、匡效良（2020）提出了"项目孵化+课赛融合"《网络营销》课程教学模式，提升学生的参与度与积极性，激发学生的学习动力与创新意识，从而达到理论与实践的无缝结合。

二是从教学方法角度来看，通过某一教学方法将理论教学和实践教学相结合，开展理实一体化教学。王世胜（2010）主张采用任务驱动教学法开展网络营销实训教学，在实施阶段，合理设计教学内容和过程、科学安排工作任务、有效进行监管、合理设置评价考核，强调加强理论知识的学习和操作技能的训练。杨艳（2011）在网络营销课程教学中创设了专题实训的实践方法，并设计了 4 个实训任务，包括网上调查表、网络营销工具、网站设计与维护、网络广告，以专题的形式穿插于各章理论教学环节之间，以期更好地促进学生的学习。江婷（2012）指出以岗位角色和工作流程为导向的实训教学可以激发学生的学习兴趣并提高其岗位技能水平；借助直观的教学方法帮助学生理解抽象知识，提高问题分析能力，帮助其掌握操作技能，有效提升学习成绩。徐春雷（2019）将任务驱动教学法应用于网络营销教学中，通过理论与实践相结合的方式，调动学生学习的兴趣，培养学生的综合能力。韦婉辰（2019）采用项目导向教学法，按照真实的项目重构教学内容，学生在真实项目完成过程中更加牢固地掌握网络营销相关理论知识和实践技能。

二、网络营销实践教学

实践教学是网络营销课程教学的重要内容，也是实现教学目标的主要途径。网络营销实践教学是教师在一定教学条件下根据人才培养方案的要求与企业对人才的需求，采用合适的教学方式，在真实或者仿真的教学情境中组织学生开展实践活动，从而促进网络营销相关知识与实践经验的构建，最终形成一种职业能力的教学活动。通过整理分析相关的文献资料得知，网络营销课程实践教学研究基本分为两个方向：

（一）网络营销实践教学综合体系研究

这是从总体框架上研究网络营销实践教学。这种研究思路认为，网络营销实践教学是一个体系，由一系列环节或步骤组成。张涛（2010）将网络营销实训教学进行三级目标管理，构建了实训教学三级模块，要求学生小组或个人根据不同的实训教学内容完成实训任务；魏华（2012）构建了"三位一体"的网络营销实践教学体系框架，即通过模拟实验、商城实训与企业实习三种形式来提高学生的实践能力；张艳（2012）构建了由网络营销实践教学操作平台和考核体系构成的网络营销实践教学体系，该教学体系既可以克服传统教学模拟软件的虚拟性和封闭性，又可以避免真实网络环境下实战训练的不可控制性；杨霖华（2013）构建了网络教学平台（ELS），及时整合与网络营销企业实践相关的各种教学资源，借助虚拟学习社区将课堂实践与课后自学相结合、课上讨论与课下网络互动相结合，构建立体化互动实践教学体系。

上述研究方向构建了一个虚拟的实践教学体系，有助于学生从整体上把握网络营销的实践教学，充分认识到网络营销实践教学的重要价值。另外，在实践教学过程中，教师可以有效地调整和控制实践教学的内容、过程和结果，有助于实现教学目标和完成教学任务。但是，由于实践教学是在一个封闭式的模拟体系中开展教学活动，学生的主动性和创造性很难发挥出来。同时，模拟活动总是与现实活动有一定的距离，学生很难真正体验到真实网络营销活动的竞争、压力和挑战；另外，模拟体系需要实时地随着网络营销活动的发展而更新变化。

（二）网络营销实践教学具体形式研究

这是从具体的实践教学活动入手，选取某一网络营销方法或载体研究网络营销实践教学。王昂（2013）提出，网络营销课程期末考核是通过参加指定的全国性权威部门或行业举办的大学生网络商务创新应用大赛来进行，这种教学模式实现了对学生综合技能深化理解和实际操作与动手能力的考核，充分调动了学生自主学习的积极性，提高了实践教学质量；吴胜辉（2013）提出，网络营销实施网上开店教学，通过创建网店、网店运营、项目分析研究这三大模块糅合客户接待、营销服务、营销策略、信息加工、网络营销等各业务环节的"情境体验式"来完成实践教学；曾步植（2013）提出，网络营销实践教学改革和实践的具体策略包括充分利用淘宝网、建立网络营销案例库、网络营销模拟教学软件、加强校企合作、积极构建复合型教师队伍五个方面；赵斌（2017）通过分析网络营销课程的教学现状，指出利用互联网的真实环境，把实训各环节与互联网的实际运用相结合，在让学生掌握理论基础的同时，培养其互联网思维和动手实践能力，训练学生分析问题与解决问题的综合实践能力。

上述研究方向以真实的实践活动探讨如何开展网络营销实践教学，真实的实践活动基本上分为学科竞赛和网店运营两类。学科竞赛是以真实的企业案例入手，参赛学生根据企业的具体情况不仅要提出科学的解决方案，而且还要参与到方案的实际实施中。通过方案实施后的效果和取得的效益来评价参赛学生，代表性的比赛有百度主办的搜索营销大赛。网店运营主要是让学生在淘宝等平台上开一个网店，学生不仅要掌握网上开店的流程，还要进行网店的推广和运营，以网店的信誉级别衡量学生的成绩。真实实践活动的实践教学能够极大地激发学生的主动性、积极性和创造性，也能充分体验真实网络营销实践活动带来的挑战性和竞争性。这是理论教学和模拟实践教学无法实现的。但是，由于教师很难控制这种实践教学的过程，单纯以结果评价学生并不科学，因此如何衡量学生的成绩就是一个问题。同时，由于学科竞赛和网店竞争的激烈性，很多学生会半途而废，从而不能完成实践教学的目标和任务。

三、学科竞赛型实践教学

在网络营销课程实践教学中，学科竞赛是一种特殊的形式。对于学科竞赛与课程教学的关系，相关的文献资料普遍认为，学科竞赛以课程教学为基础，促进课程建设和教学改革，二者是一种良性互动关系。贺梅英、金淑华、章国荣、金丹青（2010）构建了学科竞赛和教学改革互动模式，并指出二者互推互助，学科竞赛推动教学改革，教学改革成果提升学科竞赛成效；李苏北（2009）提出将学科竞赛机制纳入人才培养规划之中，竞赛活动与常规教学相结合，推动课程建设、学风建设与创新人才培养等。学科竞赛对课程教学的具体影响主要体现在以下两个方面：

（一）学科竞赛促进教学管理的改革

学科竞赛对教学管理的影响主要体现在教学体系或模式的改变上。王蕾、张巧英（2015）提出，将教学计划与学科竞赛活动相互融合、相互渗透，构建基于学科竞赛的实践教学体系；李国锋、张世英、李彬（2013）构建了以学科竞赛的课程教学为基础，竞赛项目为载体，技术训练为手段的"三位一体"创新能力培养模式；林木辉、张杰、包正委（2011）提出将学科竞赛纳入到正常教学体系中，改革对学生评价和教师评价的内容和方式；王良成、袁南桥、马秀芬（2015）认为，学科竞赛活动是教学管理新常态等。

（二）学科竞赛促进课程内容的改革

学科竞赛以课程教学为基础，竞赛内容直接影响到课程内容的改变。陈天虹、文献民、葛龙威、易雯（2008）提出，将日常教学与学科竞赛有机结合起来，让学科竞赛作为日常教学内容的有益补充，日常教学活动中渗透学科竞赛的相关内容；张瑞成、陈至坤、王福斌（2010）探讨了学科竞赛内容向大学生实践教学转化的问题；李苏北（2009）还指出，学科竞赛在课程体系和教学内容改革中扮演着先行者的角色。

上述文献资料充分肯定了学科竞赛在课程教学中的价值，特别是在实践教学和课程内容的改革方面更是发挥着积极的作用。但是，不能过分夸大学科竞赛的作用，学科竞赛只是高校培养大学生的有效途径之一，而课程教学永远是高校教育教学活动的主旋律。

第三节 理实一体化教学

在应用型本科教学中,网络营销是一门对理论教学和实践教学同时要求较高的课程,课程的主要教学目标是培养学生在掌握足够的网络营销理论知识的基础上具有较高的在网络市场中开展营销活动的实践能力。理论与实践相结合是对网络营销课程教学的基本要求。为了克服理论教学和实践教学偏重于一方或者二者"两张皮"的问题,网络营销课程采用理实一体化的教学模式,对于实现课程教学目标、培养应用型人才有着重要的意义。

一、理论教学和实践教学一体化的关系

根据现代教育学的观点,理论教学和实践教学是一个硬币的两个面,包含于每一种教学活动中。网络营销课程具有非常强的实践性,该课程既是理论知识的传授过程,又是实践活动的践行过程,是理实一体化的有机统一。那么,网络营销课程理论教学和实践教学一体化的关系究竟是怎样的呢?

(一)教学功能的互补化

学以致用,用以促学,学用相长,知行合一,这是对学习知识和使用知识的关系做出的简明扼要的说明。这种说明同样也适用于我们对理论教学和实践教学的关系的理解。网络营销课程理论教学和实践教学的功能形式有所不同,二者在教学过程中可以做到取长补短、优势互补。一是理论教学侧重于理论知识的传授,旨在使学生理解网络营销的一般规律,有利于促进学生分析和解决企业网络营销活动实际存在的问题;二是实践教学侧重于理论知

识的应用,旨在培养学生的网络营销实践能力,反过来有助于促进学生对网络营销一般规律的理解。对于应用型本科教学来讲,要反对实践教学代替理论教学的观点,如果没有理论教学作支撑,实践教学就会就事论事、流于形式。

(二)教学内容契合化

理论教学与实践教学具有内在的互释性,即实践可以解释理论,同时理论也可以解释实践。① 在实际教学过程中,网络营销课程只有把准教学内容的契合点,才能让理论教学与实践教学的互释性呈现出来。一是理论教学内容需要实践成果的检验,根据理论教学需要遴选设计实践教学内容。网络营销相关的实践教学资源很多,有网络资源、模拟软件、学科竞赛、创新创业项目等。在教学过程中,如果把这些教学资源简单地拿来开展实践教学,与理论教学内容可能并没有直接的关系,导致理论教学和实践教学在教学内容上出现偏差。二是实践教学内容需要相关理论的指导,根据实践教学需要确定理论教学内容。当前,网络营销仍在快速发展中,许多网络营销方法由于难以升级进化而逐步消失,新的网络营销方法反而不断涌现,这导致了网络营销课程理论知识存在一定的滞后现象。实践教学要跟随实践活动的发展,当网络营销课程以新兴的网络营销方法开展实践教学时,理论教学内容要满足实践教学的需要,及时地更新理论知识。这也可以有效促进网络营销课程内容的更新。

(三)教学形式共振化

网络营销课程理论教学大多以课堂教学为主,主要由教师在固定的时间(学时)和封闭的空间(教室)按照教学计划要求讲授课程内容;实践教学一般包括课内和课外两种实践教学方式,通常采取比较灵活的时间(课内、

---

① 甄阜铭. 理论教学与实践教学的同构关系 [J]. 现代教育科学, 2011 (5): 79-80.

课外）和开放的空间（网络和社会）形式进行动态化教学，主要是学生实际参与和体验各种网络营销实践项目。此时，理论教学与实践教学的相结合，直接体现为两种不同教学形式的共振化：一是在理论教学中适当组织实践教学活动，使理论教学现实化、生动化。单一的课堂理论灌输形式往往过于呆板、枯燥，所以在理论教学过程中可以采用课堂讨论、案例分析等教学方法，适时嵌入与理论教学内容相适应的实践教学内容，可以是某一网络热点问题，也可以是企业网络营销活动的某一典型事件等，这样理论教学就能"活"起来，学生"动"起来，这有利于提升课堂教学效果。二是实践教学打破理论教学的时空局限，为学生营造广阔的实践空间。网络营销已深入到人们的日常生活中，学生开网店、做微商、发表微信公众号文章、进行网络直播等都是一种网络营销实践活动。另外，学生还可以参与各种与网络营销相关的学科竞赛、创新创业项目等。这些都可以作为网络营销实践教学的素材。合理挖掘和有效利用这些实践教学素材，将网络营销课程实践教学从课内延展至课外，让学生从自发走向自觉，通过亲身体验和实践感受去领悟理论教学内容的潜在价值。

（四）学时分配整合化

在市场营销专业人才培养方案中，每一门课程都规定了具体的学时和学分，网络营销课程也不例外。在学时一定的情况下，理论教学和实践教学在学时上的分配面临着此多彼少、此少彼多的困境。为了消除此困境，网络营销课程要整合理论教学和实践教学的学时分配：一是在学时分配上，适当增加实践教学学时，减少理论教学学时，这也符合应用型人才培养的要求。二是在理论教学学时减少的情况下，通过翻转课堂、混合式学习等手段加强课堂教学，弥补理论教学时间的不足之处。三是合理挖掘和有效利用学生各种网络营销实践活动资源，积极开展课外实践教学，增加实践教学时间。

二、理实一体化教学的实施

网络营销理实一体化教学不是将课程教学简单化,而是对教学准备和教学实施提出了更高的要求。

(一)构建教学单元

理实一体化教学最终会落到每个实践训练任务上,这就需要教师根据教学目标将课程内容分解为一系列实践训练课题。网络营销方法是网络营销课程的主体内容,网络营销实践教学旨在让学生掌握网络营销方法的操作使用。作为应用型本科教材来讲,过细的课程内容分解容易导致实践教学的碎片化。因此,网络营销课程以网络营销方法为单位分解课程内容,构建一系列理实一体化教学单元。

现行的网络营销本科教材强调的是理论的系统性和深刻性,基本不涉及实践教学,部分网络营销高职教材以一系列实践项目组织教学内容,强调实践教学,破坏了理论的系统性,二者都很难适应理实一体化教学的需要。因此,网络营销教师要以网络营销方法为基本单元重构教学内容,并根据教学目标确定理论教学内容,设计实践教学项目。理论教学内容是网络营销方法的原理、操作指南等,让学生知其所以然;实践教学项目是网络营销方法的操作使用,包括流程步骤、操作规范和技巧、注意事项等,让学生知其然,实现理论与实践的有机结合。

(二)分配教学时间

每一个教学单元的授课学时并不是相同的,理论教学和实践教学的时间分配也不是固定的。在教学大纲确定了所有教学单元的授课学时的前提下,教师要合理分配每一个教学单元的理论教学和实践教学的时间。既不能受传统教学的影响,理论教学时间过长,也不能过分重视实践教学,理论教学时间过短。除了受教学目标、教学任务和教学重点难点等因素影响之外,理论教学和实践教学的时间分配还要考虑学生与网络营销方法的接触与使用情况。

（三）选择教学场地

一般来讲,理论教学在教室开展讲授,实践教学在实验室进行操作。对于网络营销课程来讲,由于线上教学的兴起,理论教学可以在互联网上开展,而无须学生每一次上课都集中到教室；实践教学一般是在互联网上进行的,学生只要有一台接入互联网的电脑即可,而无须学生每一次实践教学都到实验室中去。教师在打破教学场地传统观念束缚的基础上,还要改革理论课与实践课授课地点分离的传统模式,选择同时满足理论教学和实践教学需要的复合型教学场地。同时,充分利用有条件的校内外实践教学基地开展理实一体化教学。

（四）选用教学方法和教学手段

网络营销已深入到人们的日常生活中,网络营销理论教学要密切联系网络营销的实际应用,采用案例分析法、讨论法、启发式教学等教学方法,调动学生的学习兴趣；另外要开展混合式教学,推进线上教学和线下教学有效结合,促进学生自主学习。网络营销实践教学以学生为主体,学生具体实施实践教学项目,教师在其中起全程引导、启发和评价作用,采取"群体化+个性化"相结合的多目标培养教学模式,对于基础型和大部分综合型实践教学项目要求全体学生必修,并采取群体化教学；对于综合创新型实践教学项目,如创新创业项目、学科竞赛等由学生根据自己的兴趣和能力进行自主选修,或者选拔一些优秀学生参与,开展个性化教学。通过这种多元化的教学方式,既能保证学生掌握必需的知识和技能,又能充分发掘学生的潜力。

（五）实施教学过程

网络营销理实一体化教学是一个理论讲授和实践操作、线上和线下、教室和实验室、群体和个体、课内和课外等因素有机结合的过程。教师要统筹安排，做好每一个教学单元的教学设计，才能确保教学过程有条不紊地进行。在实际教学的过程中，要克服两种错误的倾向：一是先完成理论教学，再开展实践教学；二是理论教学和实践教学交叉进行，但是截然分开。某一个阶段或环节可能侧重理论教学或者实践教学，但是应该理中有实、实中有理，例如，理论教学可以融入实践教学项目的操作，实践教学可以进一步阐释理论知识。教师要总结每一次教学过程的得与失，由此确保理实一体化教学的落地。

三、课程考核评价

课程考核是衡量学习效果、评价教学质量的重要手段，对课程教学改革成效起着重要的评价作用。传统考核方式在很大程度上必然不适用于理实一体化的教学模式，这就要求建立与之相适应的课程考核评价方式。

网络营销课程考核可分为过程性考核和终结性考核两大部分。鉴于实践教学环节在网络营销理实一体化教学过程中占有较大的比重，因此实践教学考核是整个课程考核中非常重要的一部分。网络营销课程实践教学一般是以实践项目的方式开展的，例如，网络营销方法实训项目、学科竞赛或者创新创业训练计划项目等，因此，实践教学考核主要归属于课程过程性考核中，是课程过程性考核的主要组成部分。根据项目教学的特点，网络营销实践教学考核同样也可分为过程性考核和终结性考核两部分：过程性考核主要考核学生在实践项目实施过程中的学习态度、行为表现、动手能力和创新能力等，终结性考核以实践项目结果作为评价依据，如实践报告、学科竞赛成绩，甚至是真实的营销成果等。网络营销课程终结性考核采取期末笔试考核的形式，考核学生最终对课程知识的掌握和运用程度，考试内容中应有较大比例的主观题，如案例分析题，以适用于理实一体化教学模式。

总之，随着网络市场的发展，企业对网络营销人才需求进一步加大，学生不仅要掌握较深的营销理论知识，而且要具备较强的营销实践能力，网络营销课程需要进一步深化理实一体化教学改革，提高学生的实践能力，以此适应经济社会发展对人才的需要。

第四节　网络营销实践教学

网络营销理实一体化教学是理论教学和实践教学的有机结合。由于各种主客观因素的影响，实践教学一直是网络营销教学的短板，因此，本书不再赘述网络营销理论教学，而重点探讨网络营销实践教学。

一、网络营销实践教学目标

根据市场营销专业人才培养方案和企业的人才需求情况，网络营销课程按照知识、能力和素质设定学习成果要求。在知识方面，要求学生了解网络营销的基本原理、工具和方法等理论知识；在能力方面，要求学生具备较强的网络营销实际操作能力、活动策划能力、沟通交流能力、团队合作能力以及创新创业能力等；在素质方面，要求学生树立互联网思维，激发"互联网+"背景下的创新意识和创业精神，培养良好的思想道德品质。总之，网络营销课程教学以学生为中心，以成果为导向，实现学生由"学会"到"会学、会用"，再到"能就业、就好业"的目标。

清晰的教学目标是实践教学的前提和基础。根据课程知识、能力和素质的学习成果要求，网络营销实践教学分别制定合理的总体教学目标和阶段性实践项目教学目标，以达到逐步提升实践能力、由理论向实践转化的目的。在总体教学目标方面，网络营销课程要求学生系统地了解在网络市场开展营销活动的原理和特点，掌握开展网络营销活动的运作思路和操作技巧，培养学生养成不断学习网络营销新工具、新方法的开放性思维，训练其分析问题、解决问题的实际能力。阶段性实践项目教学目标则需要根据教学内容和教学进度安排，将实践教学内容分层次细化，为每一个教学单元制定针对性的实践教学目标。以微信公众号营销为例，实践项目教学目标是学生熟练应用微信公众号开展营销活动，培养学生信息创建能力、网络传播能力以及合作沟通能力等。

二、网络营销实践教学内容

通过对行业、企业、学校、学生的调研和对应职业岗位的分析论证，网络营销课程着力于培养具有创新思维和良好职业道德的，能够从事网络营销运营、网络推广、网站策划、网络营销文案策划、互联网产品推广等相关职位的营销人才。因此，网络营销实践教学应注重职业核心能力的融入，探索提升岗位能力的教学内容和教学情境。实践教学内容应关注岗位能力需求、岗位工作任务和专业人才必须拥有的关键职业素质，主动对接专业培养目标，努力服务专业教学。实践教学遵循"分段实施、分层递进"的原则，强调以"能力培养"为主线，引导学生由浅入深、系统合理的操作训练，实现对网络营销工具从了解到操作、对网络营销策略从认知到灵活组合运用，最终实现岗位能力和职业素养的培养和提高。网络营销实践教学主要包括以下三个阶段的内容：

第一，基本技能训练，强化对网络营销工具和方法的认知。本阶段内容主要包括网络营销信息的发布、网络广告、搜索引擎营销、微博营销、微信营销等工具和方法的应用,重点要求学生熟悉掌握网络营销基本工具与方法的使用。本阶段是对学生基本能力的训练,是理论知识向实践操作过渡的初级环节,旨在使学生理解每种网络营销工具的原理,以及掌握其操作方法,为下一阶段的深入运用奠定基础。

第二,专项实践训练,强化对网络营销专项技能的培养。本阶段内容主要包括网络推广、网站访问统计分析、网站诊断与优化、网络调研等各种工具和方法的深入应用,在熟悉网络营销工具的基础上进一步强化网络营销方法的应用,培养学生能胜任网络营销相关岗位的职业能力。该阶段为进阶阶段,是学生掌握网络营销岗位各项入门技能的储备期,教师应指导并协助学生完成训练。

第三,综合实战演习,提升学生开展网络营销活动的综合能力。本阶段内容主要包括网站综合认知、网店运行维护、网络营销活动策划开展等方面的综合任务。该阶段是高级阶段,学生需要运用初级和进阶阶段所学技能,在真实的市场环境中,充分发挥实践能力,独立或协同完成网络营销综合实践项目。教师应鼓励和引导学生发挥主动性和创造性,提升其融会贯通的整合能力,促进学生实践能力质的提升。

三、网络营销实践教学类型

实践教学是网络营销课程教学不可或缺的组成部分,是培养学生网络营销实践能力必不可少的教学途径。网络营销课程实践教学类型很多,根据承载的载体划分,网络营销实践教学可分为:网络资源型实践教学、软件模拟型实践教学、学科竞赛型实践教学、项目驱动型实践教学、企业实战型实践教学等类型。

(一) 网络资源型实践教学

网络资源型实践教学是网络营销课程借助互联网上第三方网络资源开展的实践教学，比如网站诊断分析、病毒性营销策划、微信公众号营销、网店经营等。互联网上第三方网络资源非常丰富，这是一种免费、容易使用的网络营销实践教学类型。

在互联网上，第三方网络资源本身就是一种网络营销工具，其应用就是一种网络营销方法，因此，网络资源型实践教学与企业网络营销活动无缝对接，让学生能够真实体验网络营销实践活动。网络资源型实践教学有的比较简单，如百科词条、网络社区等；有的比较复杂，时间较长、竞争激烈，如网店经营，可以培养学生的网上销售能力。在淘宝等平台上开一个网店，学生不仅要掌握网上开店的流程，还要进行网店的推广和运营。这种实践教学能够极大地激发学生的积极性和创造性，充分体验真实网络营销实践活动带来的挑战性和竞争性。这是理论教学和模拟实践教学所无法实现的。但是，由于教师很难控制这种实践教学的过程，单纯以结果评价学生并不科学，因此如何衡量学生的成绩就是一个问题。另外，由于市场竞争的激烈性，很多学生会半途而废，中途退出，从而不能完成实践教学的目标和任务。

(二) 软件模拟型实践教学

软件模拟型实践教学是借助一定的模拟软件，营造一个虚拟的营销环境，学生通过模拟竞争的方式演练营销管理过程，体验各种网络营销工具和方法的使用。

软件模拟型实践教学构建了一个虚拟的实践教学平台，不同实践教学内容按模块集聚在平台上，能够低成本、高效率地完成一定市场环境下一段时期的营销能力锻炼和实战训练。同时，在实践教学过程中，教师可以有效地调整和控制实践教学的内容、过程和结果，有助于实现教学目标和完成教学任务。但是，由于是在一个封闭式的模拟体系中开展教学活动，学生的积极性和创造性很难发挥出来。同时，模拟实践总是与现实活动有一定的距离，学生很难真正体验到真实网络营销活动的竞争、压力和挑战；另外，模拟体系需要实时地随着企业网络营销活动的发展而更新升级。

（三）学科竞赛型实践教学

学科竞赛型实践教学是学生参与政府部门、行业协会或企业等组织机构举办的学科竞赛，在竞赛中真实体验各种网络营销方法的使用，训练网络营销实践能力。学科竞赛是以真实的企业案例入手，参赛学生根据企业的具体情况不仅要提出科学的解决方案，而且还要参与到方案的实际实施中，通过方案实施后的效果和取得的效益来评价学生的比赛成绩。

以学科竞赛开展网络营销课程的实践教学，首要的问题是学科竞赛的选择。在一般情况下，学科竞赛的开展是针对一类或一个专业，包含一门或多门课程的知识，培养学生的专业能力和综合素质，提高学生的实践能力和创新能力。选择某一项学科竞赛开展网络营销课程实践教学的条件，主要包括：第一，要看学科竞赛的目标是否符合专业人才培养方案和课程教学大纲的要求，学科竞赛的内容和课程的实践教学内容是否基本相同。第二，学科竞赛开展的时间与专业人才培养方案中课程开课的时间是否在同一时间段上，即学科竞赛与课程的理论教学是否协调进行。第三，学科竞赛能否允许全部同学参赛的问题。因为，对于课程实践教学而言，每一个同学都应该参与其中，在理想情况下，允许全部同学都参加并且中途不淘汰的学科竞赛才可以开展实践教学。但是，学科竞赛通常选拔优秀的学生参加，并且在比赛过程中会逐轮淘汰成绩较差者，在这种情况下，教师一方面选拔优秀的学生参加学科竞赛，另一方面以学科竞赛的项目自行组织由其他同学参加的班级比赛，以此确保全部同学都能参加学科竞赛的比赛项目。

（四）项目驱动型实践教学

项目驱动型实践教学是以实际项目作为实践教学组织和实施的载体，在教师指导下，学生解决某一问题或完成某一任务的教学类型。项目实施的过程也就是实践教学的过程。该类型实践教学突出了学生的参与，体现了学生的主体地位，但是，一般将学生划分为若干小组实施项目，需要注意个别学生的"搭便车"现象。

在网络营销的实践教学中，比较典型的实际项目是选择某一产品，特别是地方特色产品，让学生开展网络推广和销售活动。学生在网络推广过程中，借助多种网络平台，采用各种网络营销方法，从中体验网络营销活动，培养网络营销实践能力。另外，创新创业项目也是网络营销实践教学经常选择的实际项目。互联网是"大众创业、万众创新"的工具，随着创新创业教育的深入推进，以互联网为媒介，创新创业项目与网络营销实践教学有机结合在一起，这不仅能够培养学生的网络营销实践能力，也能够培养学生的创新精神和创业能力。

（五）企业实战型实践教学

企业实战型实践教学是学生直接到企业中参观学习或顶岗训练的教学类型。这是最真实、最高级的实践教学形式。

对于其他课程，开展企业实战型实践教学可能有一定的困难，但是，对于网络营销课程，这种实践教学却较易使用，比如，每年的"双十一"电商节，电商企业业务繁忙，临时需要人员较多，趁此机会，安排学生到电商企业参与"双十一"促销活动，并将理论和实践相结合进行实操锻炼，由此开展实践教学。随着产教融合、校企合作的推进，选择某一段时间让学生到企业去，或者企业选派人员在校内实践教学基地集中开展实践教学，已成为实践教学的常态。这是企业深度参与协同育人的一种表现。另外，有一些实践教学虽然不是在企业顶岗训练，如学生以个体或小组的形式开展网店经营、网络推广某一产品，但实质上也是一种企业实战型的实践教学活动。

第五节 基于网络资源的实践教学

在互联网上，存在着许多第三方网络资源，这些网络资源不仅是人们学习工作生活需要的重要资源，也是企业开展网络营销活动的重要工具和平台。对于网络营销课程来说，第三方网络资源是学生需要掌握的网络营销工具和方法，并且一般免费、易使用，因此可以更好地为网络营销实践教学和学生学习服务，是网络营销实践教学的主要资源之一。

一、实践教学网络资源

第三方网络资源各种各样，按照其特点和功能，可分为社会化网络资源、销售型网络资源、知识分享式网络资源、竞赛式网络资源和其他网络资源等。

（一）社会化网络资源

社会化网络资源是基于人和人之间的社会关系而联系和沟通的平台，主要有博客、微博、微信、短视频等平台形式。这些社交平台一般免费，用户注册就能使用。新浪博客、博客网、乐乎、新浪微博、Twitter、Facebook、微信公众平台、抖音等都是人们常用的社交网站，而它们也是网络营销的重要工具和平台，因此也是学生需要了解和使用的网络营销工具、方法和技能。学生注册成为这些社交网站的用户，通过自己的账号发布文章、视频、图片、动态等内容，吸引广大网民的关注并参与互动讨论，锻炼学生的网络营销推广能力。这些实践活动不但能够提高学生网络营销文案的写作能力，也能够促进学生独特创意、创新思维等能力的培养，为学生毕业后从事网络营销工作打下坚实的基础。

（二）销售型网络资源

销售型网络资源是互联网上提供免费开设店铺等销售渠道的第三方电子商务平台，主要有淘宝、微信等平台。这些电商平台是学生开展网上销售的重要资源。教师或学生可以联系有产品推广需要的企业，在淘宝、微信、拍拍等网上销售平台开设店铺代理销售其产品，也可以直接简单地组织相关消费者建立微信群推广销售产品。通过网上销售平台，学生真实地操作从店铺申请注册、装修到产品的选择，从目标顾客的定位到网上销售商品的营销策划、推广，从与目标顾客的沟通交流到网店运营等一系列活动，系统地学习和应用这些网络资源并开展网上销售实践活动，能够培养学生网络营销策划、网络沟通和网络销售等能力。

（三）知识分享式网络资源

知识分享式网络资源是知识分享和交换的网络知识平台，比较典型的有网络百科和ASK网络社区等。网络百科凝聚了广大互联网用户的智慧，是一部内容自由、开放、共享的百科全书，已经成为人们获取相关专业知识的重要渠道。国内常用的有百度百科、搜狗百科、维基百科、互动百科等。网络百科是网络营销的重要工具和方法，学生在网络百科平台上创建产品、品牌以及企业等百科词条，也可在创建的百科词条中嵌入相关营销关键词超链接或在词条后列出相关营销信息的参考文献网址超链接实现网络推广。ASK网络社区是一种辅助回答式知识分享平台，如百度知道、知乎网站等。在ASK网络社区中，所有用户都可以提出问题，同时，每一个用户也都可以回答这些问题。正是这种"回答"，为企业带来了网络推广机会，企业可以通过用户提出问题和回答问题将营销信息传递给潜在顾客。学生登录知识分享式网络平台，创建编辑词条或者提问回答相关问题，既可以锻炼学生的文案撰写能力，也可以实践百科词条和 ASK 网络社区营销方法，从而达到提升网络营销实践能力的目的。

（四）竞赛式网络资源

竞赛式网络资源是指以比赛形式为学生提供网络营销实践服务或模拟训练的第三方网络平台，影响比较大的有"i 博导"平台和网络营销能力秀平台（目前已终止运营）。这些网络资源不仅提供丰富的网络营销知识，而且将网络营销知识融入相关的比赛项目或实践活动中。通过参加比赛，学生掌握了网络营销理论知识，培养了网络营销专项技能和综合能力，做到了理论和实践的紧密结合。竞赛式网络平台是不可多得的网络营销实践教学资源，能够帮助网络营销实践教学以较小的投入获得较大的产出。

除了上述第三方网络资源外，还有免费电子书、视频分享、文档分享等也是网络营销实践教学的重要资源。学生在这些网站或平台上开展网络营销实践活动，全方位、多维度地了解这些网络营销资源、工具和方法，真实体验网络营销的实施和运作过程，培养网络营销相关的实践能力，为将来毕业后从事网络营销工作积累资源和经验。

二、网络资源型实践教学实施

网络资源型实践教学实施并不是简单地让学生直接利用第三方网络资源开展实践活动，其实施过程需要教师认真组织、设计和加强指导。

（一）遴选实践教学网络资源

第三方网络资源是互联网上真实运营的企业网站，其内容、功能、操作指南和规则等是动态变化的，所以，教师要在搜集网络资源的基础上，实时了解网络资源的变化情况，系统总结每种网络资源的实践应用方法，根据教学内容的需要，遴选相应的网络资源为网络营销课程实践教学服务。

（二）设计实践教学项目

第三方网络资源虽然可以让学生开展网络营销实践活动，但是，当作为学生实践教学资源时，教师应根据实践教学的需要，结合每种网络资源的实践应用方法，设计一定的实践教学项目。这样，一方面能够提高实践教学的针对性和有效性；另一方面促进学生对第三方网络资源作为网络营销工具及方法的理解和应用，避免学生简单地根据第三方网络资源的操作指南和规则完成实践任务，致使实践教学流于形式。

（三）加强实践指导

当以第三方网络资源作为实践教学平台时，学生一方面要采用其网络营销方法开展实践活动，另一方面还要适应其操作指南和规则。另外，很多第三方网络资源，如淘宝、短视频平台等，学生仅利用课内时间是完成不了实践任务的，需要投入大量的课外时间和精力。所以，教师要加强组织和指导，特别是鼓励学生要坚持不懈，不能半途而废。

（四）实践教学评价

第三方网络资源具有独立性，教师不能控制其运作，因此，学生的实践成果评价是基于网络资源实践教学的一个重要问题。学生的实践成果存在以下两个问题：一是需要较长时间才能显现成果，甚至课程结束也没有显现出来；二是学生放弃而导致实践成果流产。所以，教师要根据第三方网络资源的情况制定科学合理的实践教学评价指标，既要考核学生的实践成果，又要考核学生在实践过程中的表现，二者所占的比重因第三方网络资源的不同而不同。

第三方网络资源是网络营销课程教学比较重要也是非常经济的平台，学校只要提供实验室和上网设备就可以开展网络营销实践教学。相比于模拟软件实践教学,该实践教学方式以较小的投入获得较大的产出,学生能够真实体验到网络营销理论、方法和工具的应用;相比于企业顶岗实践教学,该实践教学方式灵活、方便,在校内随时都可以开展。基于第三方网络资源的实践教学能够有效地克服网络营销课程实践教学条件薄弱和投入不足的问题。

第六节 基于学科竞赛的实践教学

在网络营销课程实践教学中,学科竞赛是普遍采用的一种实践教学类型。一方面,学科竞赛能够将网络资源型、软件模拟型、项目驱动型和企业实战型等多种实践教学活动纳入比赛项目中,学生参与学科竞赛,可以同时体验多种实践教学活动。另一方面,相对于软件模拟型实践教学,学科竞赛型实践教学更加接近于真实的市场环境,有的比赛项目直接让学生参与到实际的市场经营活动中,如网上商店的运营,能够极大地激发学生的学习主动性和创造性,有力地提高实践教学的质量;相对于网络资源型、项目驱动型和企业实战型实践教学,学科竞赛型实践教学能够有效控制教学的时间,其效果显现较快,教师更能主导实践教学的过程。所以,学科竞赛型实践教学具有独特的优势,能够实现网络营销课程实践教学的目标,以学科竞赛开展网络营销课程的实践教学具有可行性和重要价值。

一、学科竞赛型实践教学体系

以学科竞赛为载体,以企业需求为导向,推动教学改革,是提升学生实践能力和创新能力的重要途径。将学科竞赛引入课程的实践教学中,核心问题是构建基于学科竞赛的实践教学体系。根据实践教学的构成要素,实践教学体系一般分为目标体系、内容体系、管理体系、保障体系和评价体系等部分。基于实践教学体系的构成部分,根据学科竞赛和网络营销课程的特点,网络营销课程学科竞赛型实践教学体系包括教学目标、教学内容、过程管理、指导教师、竞赛平台和考核评价六方面要素,如图 3-1 所示。

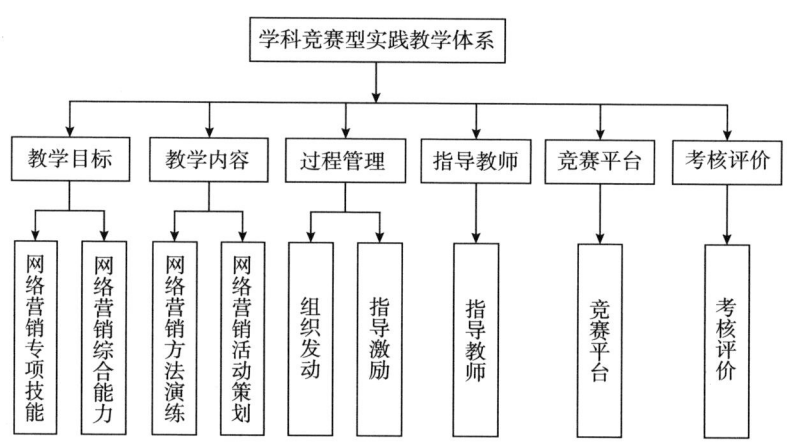

图 3-1 学科竞赛型实践教学体系

在网络营销课程学科竞赛型实践教学体系中,明确的教学目标是实践教学的方向,合理的教学内容是实践教学的核心,严格的过程管理是实践教学的保障,优良的指导教师是实践教学的关键,完善的竞赛平台是实践教学的基础,科学的考核评价是实践教学的抓手。

(一)教学目标

基于网络营销课程的教学大纲,学科竞赛型实践教学体系的教学目标包括:一是培养学生对各种网络营销工具和方法的掌握和运用能力;二是培养学生的网络营销综合能力，包括网络信息创建和传播能力、网络资源积累和合作能力、网络沟通和销售能力、网络数据调研和分析能力等。

（二）教学内容

基于上述教学目标，学科竞赛型实践教学体系的教学内容可以分为两类：一是各种网络营销方法的演练，以培养学生网络营销的专项技能；二是网络营销活动的策划和实施，以培养学生综合的网络营销实践能力。学科竞赛的内容应该符合课程教学大纲的要求，与理论教学协同进行。

（三）过程管理

对于学科竞赛而言，一般情况下是选择优秀者参加，但是，当学科竞赛被作为实践教学活动时，学习该课程的每一个学生都应该参与。所以，学生参赛的过程管理是学科竞赛型实践教学取得成功的关键。在比赛开始时，指导教师要精心组织，一方面要告知学生，参加学科竞赛是课程教学不可或缺的一部分，且比赛过程表现及成绩占课程总评成绩的相当比重，比赛过程表现和成绩不佳者，网络营销课程总评成绩会受到影响甚至不及格；另一方面对学生进行科学分组，优劣互补、互相促进，依靠群体的力量推动学科竞赛的顺利启动和开展。在比赛过程中，指导教师要帮助学生分析比赛的项目，讨论竞赛策略，激励学生奋勇争先；当学生比赛成绩落后而可能中途退赛时，指导教师要做好学生的思想工作，鼓励学生不放弃，坚持到底。

（四）指导教师

教师在教学中发挥着主导作用。在学科竞赛型实践教学活动中，指导教师除了要具备扎实的理论知识外，还要拥有丰富的实践经验和较高的实践能力。网络营销实践活动日新月异，指导教师必须具备较强的学习能力，紧密追踪企业网络营销活动的热点，否则在指导学科竞赛时会相当吃力和被动。另外，由于网络营销课程的学科竞赛持续时间较长，学生完成比赛任务经常在晚上等课余时间，这就要求指导教师要拥有高度负责的精神和坚持不懈的意志，随时随地激励和指导学生参加比赛。

（五）竞赛平台

网络营销是研究企业在互联网上开展营销活动的一门课程，该课程一般在互联网上开展实践教学，且开展实践教学的学科竞赛也通常在互联网上进行。这是网络营销课程学科竞赛的最突出的特点。因此，网络营销学科竞赛平台的网站要正常运行，不得出现服务器瘫痪等故障问题。参赛学生所在学校的网络连接应正常稳定、网速较快。另外，在竞赛平台上，比赛规则、比赛项目和操作指南所在的网页要能够直接找到，网页上的比赛内容要详细、清楚、易懂等。

（六）考核评价

科学的考核评价是调动学生积极参与学科竞赛、提高实践教学质量的主要手段。将学科竞赛作为实践教学活动时，实践教学成绩评价不仅要包括学生学科竞赛的成绩，还要考虑学生在学科竞赛过程中的态度和表现。另外，许多学科竞赛可能包括一系列比赛项目，各个比赛项目所占总分比重可能不同，学科竞赛成绩是各个比赛项目成绩的综合评价。在实践教学成绩评价时，教师可以根据课程教学大纲的要求和学生班级的实际情况，调整各个比赛项目所占总分比重以及学生学科竞赛的成绩，建立符合课程教学目标要求的、科学合理的考核评价标准。

二、学科竞赛型实践教学方案

学科竞赛型实践教学方案是将学科竞赛引入实践教学的指导性文件，也是开展实践教学、进行实践教学管理的主要依据。网络营销教师根据课程教学大纲和学科竞赛型实践教学体系的要求，并结合近年来网络营销学科竞赛的比赛项目，在确定实践教学项目和相应的实践教学类型的基础上，制订网络营销课程学科竞赛型实践教学方案。

网络营销课程学科竞赛型实践教学方案主要包括实践教学目的和要求、实践教学对象和学时、实践教学计划和项目、实践教学考核评价等内容。其中实践教学项目应根据网络营销学科竞赛的比赛项目遴选整理设计。在由中国互联网协会主办的大学生网络营销能力秀举办期间，笔者基于大学生网络营销能力秀学科竞赛活动方案，制订了网络营销课程学科竞赛型实践教学方案（见附录2），以此指导网络营销课程实践教学的开展。

三、网络营销课程实践教学项目

根据学科竞赛型实践教学方案，网络营销教师研究实践教学的内容，设计实践教学项目，确定各个实践教学项目的内容、任务、操作规程和注意事项等，使学科竞赛和实践教学有效对接，确保学科竞赛在实践教学中的落地。笔者根据大学生网络营销能力秀比赛项目等资料，整理设计了网络营销课程实践教学项目（见附录3）。

网络营销课程实践教学绝不是让学生按照操作步骤按部就班地、机械地完成实践教学项目，而是借助于实践教学项目发挥学生的创新思维和创造力，培养学生发现问题、分析问题、解决问题的能力，学生必须积极参与，深入思考，反复实践，认真总结，才能较好地完成实践教学项目。因此，教师要善于挖掘实践教学素材，精心设计实践教学项目，最大限度地调动学生的积极性和创造性，充分发挥学生的主体作用，才能取得较好的教学效果，实现人才培养的目标。

四、学科竞赛与课程教学大纲、教学内容和教学计划的协同

作为实践教学的一种类型,学科竞赛与课程的教学大纲、教学内容和教学计划是一个整体,它们之间不是独立的,而是具有协同的关系。

（一）课程教学大纲和教学内容决定学科竞赛的选择

按照教学活动规律,课程的实践教学一般是伴随着理论教学同步进行的,通常是理论教学完毕后,接着进行实践教学；有的课程是理论教学全部结束后,集中进行实践教学。网络营销课程的主体内容是各种网络营销工具和方法的学习,这些网络营销工具和方法相对独立,在课堂上讲授理论完毕后,需要及时跟上实践教学,以使学生更好地理解和运用这些工具和方法。所以,学科竞赛的具体比赛项目应该是各种网络营销工具和方法的操作使用。在学科竞赛比赛项目与课程教学大纲的要求及教学内容基本一致的前提下,二者是互相促进、相辅相成的,学生对课程教学内容的学习是参加学科竞赛的基础和前提,而学科竞赛反过来促进学生对教学内容的深入理解和掌握。

（二）学科竞赛反作用于课程教学大纲和教学内容的改变

学科竞赛通常由政府部门、行业协会或学术团体主办,相关企业承办。承办企业一般是根据市场的现状,结合自身的实际需要确定学科竞赛的内容和任务。目前,企业的网络营销活动蓬勃发展,新的网络营销工具和方法不断出现,网络营销的内容发生着日新月异的变化。承办学科竞赛的网络营销服务商会根据实际网络营销活动的变化安排比赛的内容和任务。因此,网络营销学科竞赛通常反映了当前企业开展网络营销活动的现状。

网络营销课程研究企业网络营销活动的规律,且随着企业网络营销活动的发展,网络营销课程的内容也应该会随之发生变化。但是,由于理论研究

在某些方面会落后于实践变化,网络营销课程内容在一定程度上落后于企业网络营销活动的现状。基于此,学科竞赛可以反作用于网络营销课程教学大纲和教学内容的改变,以使其迅速适应于企业网络营销活动的发展。

(三)学科竞赛影响教学计划的执行

在一般情况下,有较大影响力的学科竞赛是在每年的某一个较为固定的时间段内举办。如果学科竞赛举办时间在课程教学时间的范围内,那正好可以开展学科竞赛型实践教学。另外,在具体的章节内容授课计划与学科竞赛的协调方面,任课教师可以调整或改变授课的章节内容和顺序,以同步于学科竞赛的开展。如果学科竞赛举办时间不在课程教学的时间范围内,可以微调一下教学计划,将网络营销课程教学分为两部分:理论教学和实践教学,将实践教学部分调整到学科竞赛举办的学期内,就可以利用学科竞赛为实践教学服务了。

五、学科竞赛实践教学成效

笔者以所在学校 2013 级、2014 级、2015 级市场营销专业本科生参加由中国互联网协会主办的大学生网络营销能力秀为例,对比分析学生学科竞赛的成绩和期末考试的卷面成绩,以学生学科竞赛的成绩从小到大排序,并将学生的期末考试卷面成绩都除以 10(与学科竞赛的成绩范围相匹配,学科竞赛的成绩范围为 0~10 分,满分为 10 分),将学科竞赛的成绩和期末考试的卷面成绩做折线图,可以清楚地看出,随着学科竞赛成绩的提高,学生的期末考试卷面成绩也具有较明显的提高趋势,如图 3-2、图 3-3、图 3-4 所示。

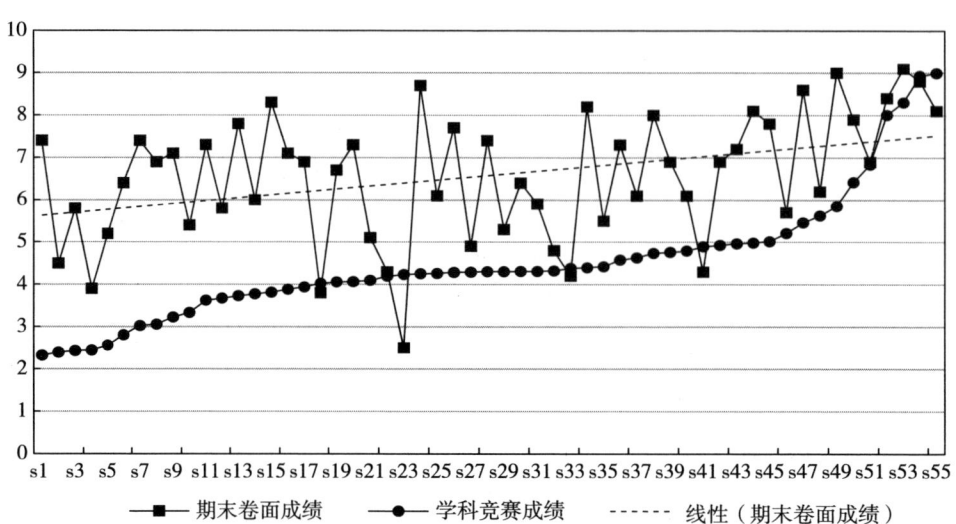

图 3-2　2013 级市场营销专业本科生期末卷面和学科竞赛成绩折线图

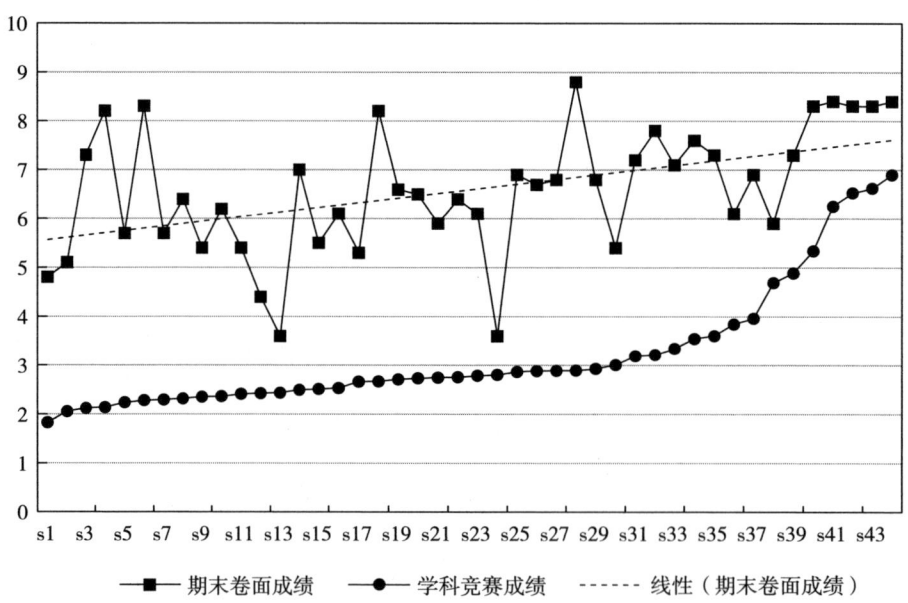

图 3-3　2014 级市场营销专业本科生期末卷面和学科竞赛成绩折线图

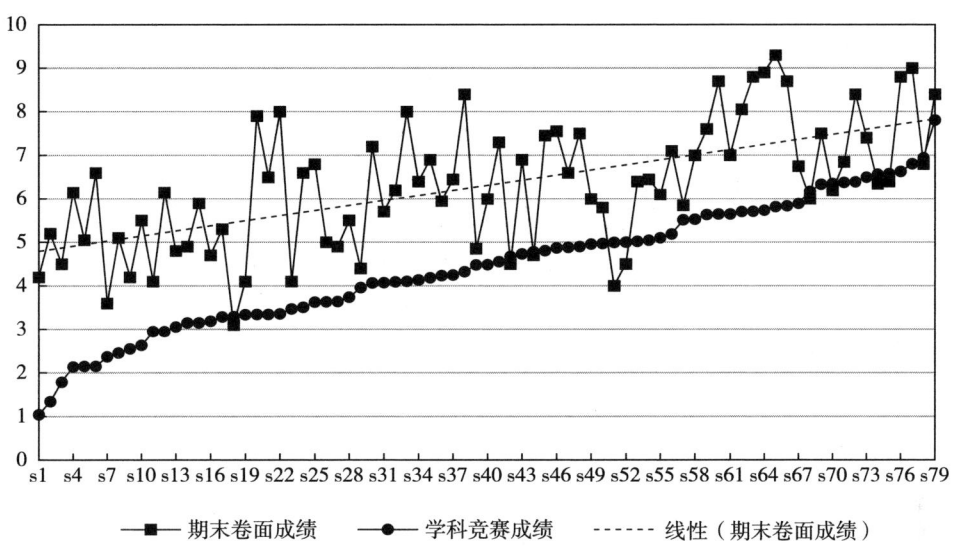

图 3-4 2015 级市场营销专业本科生期末卷面和学科竞赛成绩折线图

分析学科竞赛促进学生学习成绩提高的原因，主要包括：一是学科竞赛激发了学生学习网络营销课程的积极性和主动性；二是学科竞赛促进了学生对理论知识的理解和掌握。通过上述学生的学科竞赛成绩和期末考试卷面成绩的汇总对比分析，充分证明了网络营销课程实践教学的成功，也证明了网络营销课程选择了正确的实践教学类型——学科竞赛。

学科竞赛是实践教学的主要载体，而实践教学则是学科竞赛的延伸。学科竞赛在网络营销课程实践教学中具有独特的地位，它可以将多种实践教学类型组合在一起，学生能够同时体验多种实践教学活动。在实际教学活动中，虽然学科竞赛很难覆盖网络营销课程实践教学的全部内容，并且真正满足课程教学大纲要求的学科竞赛很少，但是，不能否认学科竞赛在课程实践教学中的重要价值。网络营销教师可以以教学班或学校为单位组织开展一个符合网络营销课程教学大纲要求的学科竞赛；同时，将学科竞赛与其他实践教学类型结合起来，共同完成实践教学的内容，由此实现实践教学的目标。

第七节 基于创新创业教育的实践教学

在"大众创业、万众创新"的背景下，创新创业教育已成为高等教育的重要组成部分。创新创业教育不是独立存在的，它融入了高校人才培养体系，与专业教育尤其是专业实践融为一体。互联网是"大众创业、万众创新"的工具，"互联网+"是大学生创新创业的重要模式。基于上述原因，创新创业教育与网络营销实践教学具有密切的联系，创新创业教育为网络营销实践教学创造了良好的条件，这必将推动网络营销实践教学的发展。

一、将创新创业理念作为实践教学的思想指引

创新创业理念直接影响着高校管理者、教师和学生的实践行为。首先，高校管理者在创新创业理念的引导下，能够更加重视实践教学，强化构建科学的实践教学体系，完善实践教学的保障机制。其次，教师拥有创新创业理念，能够与时俱进设计实践教学项目，充满激情、富有创造力地开展实践教学。最后，学生拥有创新创业理念，能够重视实践课程，激发学习的积极性和主动性，自觉在实训过程中提高创新创业能力。网络营销课程教学需要教师和学生拥有较强的创新创业理念，并通过实践课堂培养学生的创造力和市场竞争力，由此提高其与网络营销岗位的匹配性以及未来创业成功的可能性。

二、将创新创业基地作为网络营销实践教学的场所

高校建设创新创业基地，孵化创业项目，训练创业人才，让学生置身于

真实的市场环境中，在产品研发、营销创意等项目训练中找到创新灵感，学到创业本领。高校在创新创业基地成立校内外双导师制的创新创业工作室、大学生就业创业社团等组织，招募有志于创新创业的学生，能够营造浓厚的创新创业氛围，激发学生创新创业活力。网络营销教师可以将双创教育与实践教学结合起来，依托创新创业基地开展实践教学活动，特别是项目驱动型实践教学，双创基地是很好的教学场所。与实验室相比，创新创业基地为网络营销实践教学提供了一个更加真实的环境，能够有效调动学生参与实践教学的积极性和主动性。

三、将创新创业项目作为网络营销实践教学项目

创新创业教育的落地体现在一个个具体的项目中。每一个"互联网+"创新创业项目，都可能与网络营销实践教学相关。网络营销教师可以潜心研究并发现双创项目中的实践教学元素，细化双创项目的实践环节，设计实践教学项目，充分发挥双创项目实践训练的教育功能，将双创教育融入课程教学和专业教育。而且，在指导教师带领学生开展创新创业活动过程中，实践教学项目作为其中一个环节，也将随着创新创业项目的全程实战而实施完成。比如，学生电商创业项目开展网络销售商品，项目团队创建微信公众号，选择特定商品在公众号上进行营销信息传播，这必然会涉及微信公众号营销。网络营销教师据此可以设计微信公众号营销实践教学项目，学生以电商创业活动为契机，参与微信营销实践教学，学生实践教学结果可以从微店营业额和微信公众号关注度两个角度来评价。

四、将创新创业教育教师作为网络营销实践教学教师

实践教学需要教师具备较强的实践能力。学生既是专业教育的主体，也

网络营销课程"一体二教三课"教学改革的研究

是创新创业教育的主体，以学生为媒介，打通创新创业教育教师与专业教育教师双向流动的通道。网络营销课程可以聘任创新创业基地的创业导师，担任实践教学教师，提高实践教学质量；网络营销教师也可以在创新创业基地兼职，直接参与指导各种创新创业项目，提高实战能力和指导能力。在教师双向流动和创新创业项目的驱动下，网络营销教师的实践能力得到提高，有效推进双师型教师队伍建设。

专业教育是人才培养的基本途径，创新创业教育是人才培养的延伸途径。在人才培养过程中，创新创业教育与专业教育紧密结合、相辅相成，学生在创新创业教育中巩固专业知识和培养实践能力，在专业教育中提高创新创业能力。网络营销是市场营销专业的核心专业课程之一，与"互联网+"创新创业有着紧密的联系，在网络营销课程教学中融入创新创业最新的理论、技术以及实践等内容，推动网络营销实践教学的改革，提高网络营销课程的教学质量。

第八节 基于校企合作的实践教学

互联网给企业市场营销活动带来了新的机遇和挑战，市场营销专业教育要适应时代要求，强化培养学生的实践能力和职业素养。校企合作能够培养学生的实践能力，培育双师型师资队伍，拓展校内实训基地建设，促进教育教学改革与创新，满足企业所要求的人才标准，最终实现学校教育与企业、职业的有效对接。"学校+企业"多元主体共同参与到市场营销专业人才培养工作中，充分发挥企业的重要主体作用。网络营销课程以此为契机，引进企业深度参与到课程教学中，推进企业需求融入到课程教学的每一个环节。

一、明确教学目标

随着互联网向社会各个领域的深度渗透，企业越来越重视网络营销活动，网络营销人才需求也发生了较大的变化。精通互联网，能够熟练运用各种网络工具与语言，熟悉行业市场营销变化是企业对网络营销人才的普遍要求。通过调研行业协会、用人单位和毕业生，了解学生就业岗位分布以及相应的知识能力素质要求，市场营销专业以企业需求为导向，确定网络营销是专业的核心课程之一。根据企业对网络营销人才的要求，网络营销课程的教学目标是培养掌握网络营销方法的工作原理和运作规律，能够从事网络营销策划、实施和运营等工作的应用型人才。目前部分高校的网络营销课程教学并没有贯彻和落实企业需求导向，导致网络营销人才供需错位，影响学生对网络营销岗位的适应程度以及就业率。实践证明，校企合作协同育人有助于网络营销课程教学目标的确立和实现，是学生提高网络营销技能、高程度匹配网络营销岗位的有效途径。

二、设计实践教学内容

当前网络营销课程教学仍以多媒体课堂教授为主，视频、慕课等网络信息资源为辅，搭配校内实操类活动，实践教学环节较为薄弱，实操项目缺乏针对性和实效性。鉴于此，结合专业和工作岗位，网络营销课程有针对性地开发实践教学项目十分必要。在校企合作协同育人背景下，学校教师与企业专家充分沟通、讨论交流，根据企业在网络环境下对市场营销的需求，共同研究开发网络营销课程，设计实践教学项目，能够极大地提升课程内容的实用性。在教学过程中，网络营销课程强调以学生为主体，以动手操作为核心，独立安排较多课时开展实践教学活动，实践过程由学校教师和企业教师共同指导，为学生提供各种问题的解决建议和意见，使学生在真实的产品和市场环境中，以完成营销项目任务为目标开展实践训练。通过丰富的网络营销实践内容，网络营销课程实践教学重点培养学生的实践能力和创新精神，加强学生职业适应能力以及可持续发展能力的培养。

三、加强师资队伍建设

教师是应用型人才培养的关键。高校教师实践教学能力普遍较弱，缺乏实践锻炼，实践经验不足。通过校企合作，网络营销课程把校内不同背景、校外行业教师进行有机整合，建设一支实践教学能力较强的教学团队，从而达到学生实践能力培养的要求。一方面，学校教师到企业挂职锻炼，强化实践教学能力的培养：一是培养实践动手能力，熟练操作常用的网络营销工具和方法；二是培养发现问题和解决问题的能力，高校教师不仅要掌握网络营销操作技能，更要有发现问题和解决问题的能力，能为企业解决实际问题，在短时间内成为双师型教师。另一方面，企业教师进入课堂授课，企业参与到网络营销课程教学中。尤其在网络营销实践教学环节，企业实务教师进入课堂为学生讲述企业真实案例，展示企业项目的实施过程，指导学生开展网络营销实践项目，能够切实提高学生的实践能力和职业素养。

四、建设校内实践基地

在校企合作协同育人模式下，实践基地是高校应用型人才培养的重要平台。网络营销课程要遵循教育规律和市场规则，推行面向企业真实环境的教学模式，引导企业入校共建实验实训基地，促进产教供需双向对接，构建校企双方主体的利益共同体，形成稳定互惠的合作机制，实现校企紧密联结、合作共赢。结合市场营销专业毕业生择业方向和市场需求，笔者所在学校市场营销专业与家家悦集团深度合作建设校内实践基地——家家悦无人超市，由企业人员与学校师生共同管理运营，构建了集生产、教学、科研为一体的产教融合、校企合作办学模式。通过校内实践基地的建设，学生在真实的市场环境中进行实践活动，并将理论知识应用到真实场景中解决实际问题，其实践动手能力得到了锻炼，更好地实现了应用型人才的培养目标。

校企合作协同育人能够解决人才培养与市场需求相脱节的问题，网络营销课程要以校企合作为契机，以市场需求为导向，以实践能力培养为核心，以双导师制和实践基地为支撑，建立"学校+企业"的实践教学模式，实现人才培养与企业需求的无缝对接。

第四章　网络营销课程传统课堂、网络课堂和实践课堂

网络营销课程教学内容丰富、实践性强、课时量有限，如何改革教学方式方法，提高教学质量和教学效果，是当前网络营销课程教学亟须解决的问题。传统课堂、网络课堂和实践课堂混合式教学模式将教学阵地从传统课堂拓展到网络空间和实践活动，在网络课堂中，学生自主学习，掌握课程基础知识；在传统课堂中，教师重点讲授，击破课程重点难点；在实践课堂中，学生积极实践，培养实践能力。三个课堂的有机结合形成了助推学生内化理论的"三位一体"教学结构。这是对传统教学的创新，也体现了"互联网+"时代的需求。

第一节　问题提出

当前，应用型本科高校面临着转型发展，以"教师为中心"的教学理念正在向"以学生为中心"的教学理念转变。随着互联网应用的不断深入，网

络营销模式和方法越来越繁杂，网络营销教学内容也越来越丰富，对学生的实践能力也提出了越来越高的要求。网络营销作为培养市场营销人才的主要专业课程，受到诸多因素的制约，课程教学存在着一些矛盾和冲突。传统教学模式已不能满足网络营销课程的教学需求。

一、课时量少与教学任务重之间的矛盾

网络营销课程系统地介绍网络营销的基本理论以及各种网络营销方法的运作规律，是市场营销专业的核心课程之一。在网络营销课程教学中，不但遇到了网络营销模式和方法越来越繁杂的问题，而且面临着学生实践能力的培养越来越重要的问题，网络营销课程存在着课时量少与教学任务重的矛盾。

传统课堂、网络课堂和实践课堂混合式教学模式将课堂一分为三，通过网络课堂和实践课堂成功地解决了这一难题。该模式以学生通过网络平台自主学习网络营销基本理论知识为前提，以多样化的实践教学形式强化学生的实践能力培养为重点，双管齐下，有效解决了课程教学课时量少和教学任务重之间的矛盾。同时，该模式能够充分调动学生参与网络课堂和实践课堂的积极性，在一定程度上减轻了教师的教学工作量，缓解了教师教学与自身发展之间的矛盾和冲突。

二、学、教、做之间的矛盾

在网络营销课程教学中，学生既要主动学习理论知识，又要积极参与各种实践活动。同时，教师还要讲解课程的重点难点和指导学生的实践活动。另外，学生学习网络营销课程需要一定的市场营销理论和互联网技术知识作为基础，而学生对这两部分知识的了解程度不一；在实践教学中，网络营销实践教学形式多样化，学生参与的实践活动存在着个性化的现象。因此，网

络营销课程在具体教学活动中，面临着学生学、教师教、学生做之间的矛盾。

网络课堂系统讲授基础理论，学生可根据自身理论知识掌握情况，有针对性和重点性地自主学习，强化自身的理论基础，修补自己在市场营销理论和互联网技术方面的知识不足；实践课堂重在培养学生的实践能力，学生在完成统一的实践项目基础上，根据自身的实践情况，选择个性化的实践活动，以更好地培养创新精神；传统课堂侧重发挥教师的讲解和指导作用，是对网络课堂和实践课堂的重要支撑，对学生理论知识的掌握和实践能力的培养具有升华作用。

三、学生主体与教师主导之间的矛盾

"以学生为主体，以教师为主导"是我们倡导的现代教学理念。但是在实际教学中，许多教师不能很好地处理学生主体地位和教师主导作用的关系。部分教师为突出自己的主导作用，不经意地大讲特讲，把持话语权，侵占属于学生的时间与空间，牵着学生的鼻子走，让学生成为自己的忠实听众，服务于自己的教学，从而忽视了学生的主体地位；而另外一些教师为突出学生的主体地位，完全放手学生让他们自己去完成学习的事情，特别是在网络课堂学习中，在不经意间变成了什么都不管，这样的自主是放任自流、没有效果的，也是教师不负责任的表现，当然谈不上教师主导作用的发挥。

传统课堂、网络课堂和实践课堂混合式教学模式将课堂一分为三，从表面上看传统课堂侧重于教师的主导作用，网络课堂和实践课堂侧重于学生的主体地位，可能进一步加深学生主体和教师主导之间的矛盾。但是三个课堂是有机统一、相辅相成的关系，一方面，传统课堂教师的讲授是基于学生网络课堂的学习和实践课堂的实践情况；另一方面，学生网络课堂的学习和实践课堂的实践离不开传统课堂教师的讲授。传统课堂、网络课堂和实践课堂混合式教学模式能够更好地体现学生主体地位和教师主导作用的和谐统一。

第二节 文献综述

课堂是教育教学的一种主要空间,当"互联网+"作为一种教学手段引入教学活动中,以及将实践项目作为教学的主要内容后,按照教学空间和教学内容的不同,课堂自然而然可分为传统课堂、网络课堂和实践课堂。课堂教学是教学改革研究的主要领域,其相关研究文献资料较多。

众多的文献资料虽然没有直接、明确地提出传统课堂、网络课堂和实践课堂等课堂名词,但是,却从课堂教学、网络教学、实践教学、混合式教学等研究内容中体现出传统课堂、网络课堂和实践课堂三个课堂的内涵。李玉红、李凯旭、于善波(2017)指出,网络营销课程实施混合式教学模式具有必然性和可行性,并将信息化技术引入课堂,在课程分析、教学内容设计、考核体系等方面进行混合式教学改革,推进在线学习与面授式学习相结合。鲍杰、毛应爽、于萍(2020)认为,在互联网环境下,基于"超星学习通"构建网络营销课程互动混合教学模式,能够将"课堂"延伸至24小时,而且不受地点限制,极大地增强学生学习的灵活性和增加学习的时间。杨辉玲(2020)为更好地讲授网络营销课程,促进学生学习,在网络教学与课堂教学相结合、微课课时与课堂课时相结合、翻转课堂与常规教学相结合三方面进行课堂教学设计改革。

其他课程的教学研究也提出了传统课堂、网络课堂和实践课堂等相关概念。杨志超(2016)指出,建构思想政治理论课混合式教学模式,要着力打造有机互动的"在线课堂"、"传统课堂"和"实践课堂",即推动高校思想政治理论课"在线课堂"的建设、"传统课堂"的改革、"实践课堂"的创新，由此形成教学合力，实现思想政治理论课的教学目标。① 沈克华、雷平、舒红（2017）研究国际贸易实务类课程互动式全英语教学，提出了课堂教学、网络教学、实践教学三种互动式全英语教学模式。

传统课堂、网络课堂和实践课堂的教学内容和任务是教学研究的重要内容之一。程海燕、程勇兵（2015）提出了网络营销"三维协同 项目导向"的教学模式，也就是教学内容围绕不同的项目开展，在第一课堂中教师讲授，在第二课堂中学生实训，在第三课堂企业真实环境中学生实习。龙晓菲（2014）认为，"网络·课堂·实践"一体化教学模式将教学阵地从传统课堂扩展到网络、实践活动，在三个课堂的整合中形成了网络课堂讲授基础知识、开阔学生学科视野，传统课堂击破重点难点、凸显理论体系，实践课堂深入阐释理论、助推学生内化理论的"三位一体"教学结构。② 王萍霞（2017）认为，混合式教学模式理顺并聚合更多的教学力量，优化并整合教学程序，构筑了多个教学空间，即数字化的网络教学空间、专题化的课堂教学空间和生活化的实践教学空间，在潜移默化中渗透理论知识和基本原理。③ 广西大学马克思主义学院提出，课堂教学解决"知"与"信"的问题，网络教学解决"信"与"情"的问题，实践教学解决"意"与"行"的问题。

传统课堂、网络课堂和实践课堂三者密不可分、相辅相成，构成了一体化教学模式。张金凤、王蓓（2019）构建了《网络营销》课程教学环节、实训环节、产学研环节、考核环节"四位一体"的混合式教学体系，且取得了

---

① 杨志超．高校思想政治理论课混合式教学模式的建构路径探析［J］．思想教育研究，2016（6）：69-73．
② 龙晓菲．浅论"原理"课"网络·课堂·实践"一体化教学模式的构建［J］．思想理论教育导刊，2014（5）：102-105．
③ 王萍霞．"互联网+"时代高校思想政治理论课混合式教学模式探析［J］．广西社会科学，2017（4）：211-214．

第四章　网络营销课程传统课堂、网络课堂和实践课堂

一定的效果。王萍霞（2017）构建了"互联网+"时代高校思想政治理论课"课堂教学—网络教学—实践教学"三位一体混合式教学模式。贾凯（2018）指出，厦门大学思想政治理论课以学科建设为依托，以科学研究为支撑，以问题为导向进行专题化改革，辅之以网络教学、实践教学，逐渐形成了"课堂专题教学+网络教学+实践教学"三位一体改革创新模式。课堂专题教学是三位一体改革的中心，网络教学是必要补充，实践教学是品牌特色。①

网络营销是研究企业在互联网上开展营销活动的一门实践性非常强的课程，开展线上线下混合式教学，强调实践教学，是该课程教学改革发展的必然趋势。因此，在借鉴已有研究成果的基础上，网络营销课程教学改革研究明确提出传统课堂、网络课堂和实践课堂三个课堂的概念，对于提高课程教学质量、实现教学目标具有重要的意义。

第三节　传统课堂、网络课堂和实践课堂混合式教学

网络营销是应用型本科市场营销专业的核心课程之一，其立足于互联网，强调学生实践能力的培养，传统课堂、网络课堂和实践课堂混合式教学模式的创新是网络营销课程教学改革的必然要求，可以作为应用型本科专业课程教学改革的借鉴。

---

① 贾凯."中国近现代史纲要"课程教学三位一体改革模式探索——以厦门大学为中心［J］.思想政治教育研究，2018，34（5）：86-89.

一、传统课堂、网络课堂和实践课堂的由来

在"互联网+"时代背景下,随着"互联网+教育"的迅速发展和现代化教学手段的普及,传统课堂教学与网络在线教学的混合式教学模式已成为课程教学改革的必然要求。教育部《关于加快建设高水平本科教育全面提高人才培养能力的意见》(教高〔2018〕2号)重点指出,"推动课堂教学革命,以学生发展为中心,通过教学改革促进学习革命,积极推广小班化教学、混合式教学、翻转课堂,大力推进智慧教室建设,构建线上线下相结合的教学模式"。

同时,国家高度重视学生实践能力与创新创业能力的培养,先后发布了加强实践育人、深化创新创业教育改革、深化产教融合、高校转型发展等政策文件。教育部、国家发展改革委、财政部联合发布的《关于引导部分地方普通本科高校向应用型转变的指导意见》(教发〔2015〕7号)明确提出了"加强实验、实训、实习环节,实训实习的课时占专业教学总课时的比例达到30%以上,建立实训实习质量保障机制"的要求。

网络营销课程将网络在线教学引入教学过程中,同时强化学生实践能力的培养,可以构建多个教学空间,即数字化的网络课堂教学空间、实体化的传统课堂教学空间和项目化的实践课堂教学空间。同时,重新划分课堂的教学功能和教学内容,实现多个教学空间的优势互补,将传统单向灌输的"教—学—考"的教学流程转变为现代双向互动的"学—教—做"的教学流程,即学生自主学习→教师重点讲解→学生积极实践,能够有效增强网络营销课程的吸引力,显著提升教学质量和教学效果。

所谓传统课堂,是指教师和学生在实体教室里开展的课堂教学活动;所谓网络课堂,是指学生利用各种网络教学资源开展的学习活动;所谓实践课堂,是指学生的实验实训、创新创业训练、学科竞赛和社会实践等各种实践

活动。在教学实施层面，这三个课堂之间分工明显、各成体系、各有特色，但是，三个课堂不能各行其是、各自为政。根据混合式教学理念，结合网络营销课程的教学特点，针对"学""教""做"三个环节，打造相互联系的"网络课堂""传统课堂"和"实践课堂"，发挥各自的教学优势，形成教学合力，从而有效提升网络营销课程的教学质量，实现课程的教学目标。

二、传统课堂、网络课堂和实践课堂混合式教学的实施

按照教学空间和教学功能的不同，网络营销课堂分为传统课堂、网络课堂和实践课堂。在教学活动中，三个课堂是一个整体，既不能相互割裂、单打独斗，也不能顾此失彼、厚此薄彼。首先，网络课堂是顺利完成课程教学的重要平台。一方面，学生通过网络课堂进行个性化的自主学习，以主人翁的姿态参与到学习过程中；另一方面，网络课堂提供了师生交流、互动的机会和场所，是帮助学生学习理论、助推课程教学的有效载体。其次，实践课堂是化解课程教学疑难、提升课程教学效果的有效途径。学生通过实践课堂有针对性地强化网络营销理论的理解，掌握网络营销工具和方法的使用。最后，传统课堂是教师开展面对面教学、统筹三个课堂、推进网络营销课程教学的主战场。教师通过传统课堂直接安排课程的教学任务，及时了解学生的思想动态，有效检测学生对知识的掌握和运用情况。实施传统课堂、网络课堂和实践课堂混合式教学，要做好以下三个方面的工作：

第一，统一规划，整体设计。三个课堂混合式教学要在课程教学大纲上做好顶层设计。网络营销课程的主体内容是网络营销方法，以网络营销方法为教学单元，统一规划三个课堂的教学时间、教学内容和教学目标，构建三个课堂之间分工合作的协同教学体制，促进三个课堂教学内容和教学功能的融合，保证网络营销课程教学的整体性和持续性。

第二，统一进度，有机结合。围绕三个课堂的教学目标和教学任务，统筹教学内容、教学方式方法和教学进度，把理论学习放到网络课堂，把实践活动放到实践课堂，把理论学习和实践活动遇到的问题放到传统课堂，确保三个课堂做到教学内容相互结合、教学活动相互支撑、教学成果相互分享、教学效果相互转化。

第三，统一要求，灵活教学。传统课堂、网络课堂和实践课堂处在不同的教学空间，教学方式方法也存在很大差异，但都要按照理实一体化教学的要求，执行课程的教学大纲和教学计划，严格教学管理，完成相应的教学任务。特别是网络课堂和实践课堂，以学生自主学习和实践为主，教师不能放任自流，要密切关注学生的学习和实践过程，同时，制定科学的考核评价指标体系，确保网络课堂和实践课堂的教学效果。

三、传统课堂、网络课堂和实践课堂划分的意义

网络营销课程教学按照教学空间的不同划分为传统课堂、网络课堂和实践课堂，具有重要的积极意义。

第一，有利于整合利用教学资源。课堂教学离不开教学资源的支撑。围绕教学目标和教学任务，三个课堂混合式教学模式有利于促进网络营销课程整合利用传统资源、网络资源和实践资源等各种教学资源，打破传统的封闭教学体系，进而形成一个开放多元的课程教学体系。

第二，有利于提高课堂教学效率。传统课堂相对严谨，能够提供科学的理论指导；网络课堂相对自由，能够提供丰富的理论知识；实践课堂相对感性，能够提供宝贵的实践活动。三个课堂各具特色，优势互补，既分工又合作，形成课堂教学的合力，协同完成课程教学任务，有效地提高课堂教学效率。

第三，有利于理实一体化教学活动的落地。单一课堂的传统教学模式有

意或无意地把理论灌输作为课程教学的主要任务,存在为理论而理论的现象,忽视了对学生实践活动的指导和实际问题的解决。三个课堂混合式教学模式把实践课堂独立出来,重点培养学生的实践能力,而且网络课堂和传统课堂的目标也指向为实践课堂服务,构建了理论—实践的教学模式,保障了理实一体化教学的真正落地。

第四,有利于发挥教师的主导作用和落实学生的主体地位。在三个课堂混合式教学模式中,网络课堂侧重于学生的主动学习,实践课堂侧重于学生的积极实践,传统课堂侧重于教师对学生主动学习和积极实践的指导。而且,在网络课堂和实践课堂上,学生也不是各行其是、放任自流,教师与学生实时互动,加强指导和督促,以此保障教学效果。因此,三个课堂混合式教学模式将教师主导性和学生主体性有机统一在教学活动中,充分发挥了教师的主导作用和有效地落实了学生的主体地位。

基于现代信息网络技术支持的混合式教学模式已成为高校课程教学改革的发展方向和趋势,网络营销教师要顺应时代发展的潮流,深入研究教育教学规律和学生学习的新特点,以学生为中心,打造混合式教学新生态,促进传统课堂、网络课堂和实践课堂的有机结合,探索建设开放性、立体化的课程教学体系,不断地提升网络营销课程的教学质量和教学水平。

第四节 传统课堂

在传统课堂、网络课堂和实践课堂混合式教学模式中,网络课堂对于提升课程的教学效率和教学水平具有重要的作用,但是传统课堂依然是课程教

网络营销课程"一体二教三课"教学改革的研究

学的主要空间,学习者身临其境的感受、现场的交互、师生的情感交流等优势是网络课堂所无法实现的。以教师授课为主的传统课堂是学生学习知识和培养能力的"第一课堂",也是任何教学模式、教学改革都必须坚守的主要阵地,还是沟通、连接网络课堂和实践课堂的重要渠道。

与此同时,我们也应该清醒地认识到,网络教学空间的引入一定会对传统课堂教学产生冲击,传统课堂原有的教学方式方法、教学内容、教师角色等会发生较大的改变。因此,建构网络营销课程传统课堂、网络课堂和实践课堂混合式教学模式,就要从教学方式方法、教学内容、教师角色和教学生态等方面,对传统课堂教学进行改革,使传统课堂更加符合混合式教学模式的要求,也更加适应现代大学生的学习特点,从而发挥传统课堂的教学优势和教学功能,更好地推进网络营销课程整体教学效果的提升。

一、加强交流互动,推动传统课堂教学方式方法的改革

在高校课堂教学中,"教师满堂灌,学生被动听"的传统授课方式仍然占据着主导地位。这种模式极易导致"教"与"学"的分离,阻碍了师生之间的有效沟通和交流,无法满足学生学习的主体性诉求,学生习惯于被动学习,渐渐丧失学习的主动性和独立思考的能力,从而对课程学习产生厌倦、逆反等消极情绪,极大地影响了教学效果的提升。

教学方式方法改革是传统课堂改革的切入点。在传统课堂、网络课堂和实践课堂混合式教学模式中,当学生真正成为课堂教学的主体时,网络营销课程需要改革传统的教学方式方法,以"翻转课堂""研讨教学"等新的教学理念为指导,赋予传统课堂更多交流互动的教学功能,利用课堂讨论、现场答疑、小组展示、案例分析等多样化的教学方式方法,开展互动研讨式教学,引导学生主动发现和分析问题。这不仅有利于激发学生主动学习的热情和积极性，锻炼其思维能力和培养其探究意识，而且有利于增加师生沟通交流的机会，便于教师及时了解学生的学习诉求和思想动态，推进教学内容的更新和教学方式方法的变革，从而提升课程教学的针对性和有效性。

二、整合教学内容，推动传统课堂教学内容的优化

传统课堂教学受到时间、空间、教学手段、教学条件、教师能力等因素的限制，教学内容多以基础知识点的讲授为主，缺乏对重要知识点的透彻讲解，以及对理论联系实际的深度分析。另外，网络营销课程内容的主体是网络营销方法，而网络营销方法较多，容易使学生对网络营销课程形成机械重复的主观印象，降低学生的学习热情和兴趣，影响教学目标的实现。

在传统课堂、网络课堂和实践课堂混合式教学模式中，按照三课堂教学功能的不同，将网络营销课程教学内容进行重新整合，并将基础知识点的学习归到网络课堂来完成，引导学生利用网络课堂自主学习基础知识，从而减少传统课堂教学的负担，节约传统课堂的教学时间。与此同时，在传统课堂教学中，以网络营销方法为教学单元，以网络课堂和实践课堂为基础，将教学内容中的重点难点问题、学生实践活动中的典型问题、企业网络营销活动中的热点问题等，以研讨讲授的方式来进行课堂教学，提升传统课堂教学理论知识的深度和广度，真正为学生释疑解惑，从而增强网络营销课程教学的实用性。

三、树立现代教育理念，推动传统课堂教师角色的转变

在传统教学中，教师处于凌驾于学生之上的绝对中心位置，是课程知识的唯一拥有者。教师的职责主要在于完成自己的教学任务，通常希望学生按照自己的意图参与教学活动，当学生思路与自己的意图不一致时，教师会不

自觉地把学生的思路拉回来。在传统课堂上，教师是主角，是主动者、支配者，学生是配角，是被动者、服从者。

在传统课堂、网络课堂和实践课堂混合式教学模式中，以学生为主体的网络课堂和实践课堂推动教师树立现代教育理念，转变课堂教学的角色。在现代教育理念下，学生是自己知识的主动建构者，教师的职责主要是如何指导和督促学生学习，做学生学习的促进者。教师在讲台上坐而论道式的单向讲授将大大减少，学生的自主参与、师生互动、生生互动将大大增加甚至成为主导。教师应以亲切的态度、平等的人格和富有情感的语言，激励学生积极投身于教学过程中。教师成为学生学习的促进者，这还意味着教师地位发生了变化：一方面，教师应尊重学生，平等地与学生沟通交流，成为学生学习的伙伴；另一方面，作为信息源地位的变化，教师从传统的具体信息的提供者转换为信息源与途径的提供者。

四、以学生为中心，推动传统课堂教学生态的变化

传统课堂教学以教师为中心，教师和学生的角色是相对固定的，教师负责教，学生负责学，教师往往居高临下地对待学生，有点唯老师独尊的架势；教学过程是一种"单边活动"，学生被当成是单独的学习个体，强调学生接受教师灌输的知识，很少甚至没有考虑过学生的真实感受；课堂气氛沉闷、封闭，较少看见师生、生生之间的交流以及观点的交锋和智慧的碰撞，学生的学习也处于被动应付状态。

在传统课堂、网络课堂和实践课堂混合式教学模式中，网络课堂学生主动学习，实践课堂学生动手实践，学生成为课堂教学的主体，体现了以学生为中心的教学思想，三课堂互相影响，有机结合，推动传统课堂教学生态发生变化。在传统课堂新的教学生态中，教师和学生构成一个学习共同体，教

与学互动、互助、互惠,师生之间分享彼此的思考,交流彼此的情感,丰富教学内容,探究新的问题。教学意味着人人参与、平等对话、合作建构。教师不再仅仅教,而且也被教;学生在被教的同时,也同时在教,真正实现教学相长。

在传统课堂、网络课堂和实践课堂混合式教学模式中,虽然网络课堂和实践课堂承担了网络营销课程一定的教学任务和教学内容,但是,并不意味着传统课堂会减少教学任务和降低教学要求,相反,对课前教师备课和学生准备,以及课中教师讲授和研讨互动等方面提出了更高的要求。可以说,传统课堂巩固了网络课堂学生学习的效果,深化了实践课堂学生实践的成果。传统课堂是对网络课堂和实践课堂的总结和升华。

第五节 网络课堂

网络信息技术的发展诞生了网络课堂,使知识的获取超越了传统课堂的范围。网络课堂是基于网络信息技术利用多媒体资源和信息网络而建立的虚拟教学空间,在此教学空间上设置各种教学板块,学生自主地完成相应的学习任务。网络课堂是"互联网+教育"时代背景下教学发展的必然产物,它突破了时间和空间对于教学活动的限制,提供了大量的、多样化的学习资源,有利于增强学生学习的主动性,提高学生的学习效率和学习兴趣。网络营销课程构建传统课堂、网络课堂和实践课堂混合式教学模式,需要根据互联网应用的发展和学校教学发展实际情况建立经济适用的网络课堂。

一、混合式教学的理解

与传统教学相比,混合式教学具有更大的灵活性,将教与学的空间范围无限扩大。混合式教学拥有更多的便利性,无论是教师还是学生都可以在电脑端和移动端、非课堂时间内进行讲授和学习。混合式教学改变了以教师为中心的传统教学模式,树立了以学生为本的现代教学理念,强调学生的自主学习和自我管理。

(一)混合式教学要目标统一

混合式教学过程涉及多种要素,包括教师和学生、传统课堂与网络课堂等,各要素相互关联、互为影响,目标要统一。教师与学生应秉持同一教学目标,在一定教学内容和教学任务的引导下,不断解决教学过程中产生的问题和障碍,继而促进教学质量的不断提升。传统课堂与网络课堂虽然教学任务和教学内容不一致,但是二者的人才培养目标是一致的,相互支持、相互配合,以期高质量高效率地完成教学活动。

(二)混合式教学是在线教学和传统教学的有机结合

单纯的在线教学最大的问题是教师与学生不能面对面地沟通交流。教师与学生面对面的交流是知识的传递,也是情感的交流,这是在线教学所无法实现的。单纯的传统教学传播途径单一、教学资源较少、时间和空间受到限制,标准化的授课模式也阻碍了学生个性化发展的需求。混合式教学利用信息技术手段颠覆了传统教学顺序和师生关系,让学生成为课堂的主人,实现了课内外一体化教学,从教学组织、课程设计、教师角色、学生心理及教学管理等各个方面弥补了传统教学和在线教学的弊端,将传统课堂和网络课堂有机结合,互为补充、互为拓展、互为基础开展教学活动,实现共同的教学目标。

(三) 混合式教学的关键是激发学生的学习兴趣

混合式教学将学生置于以问题为线索的教学环境中,以发掘学生对课程的兴趣为主旨,激发求知、探索、创新等行为。教师创建视频材料、制作PPT、整合课程资源以及设计教学活动,不仅要包含学生需要学习的知识,更要提出相关问题来激发学生的学习兴趣和探究欲望,调动学生学习的主动性和积极性。问题是贯穿于混合式教学的一条主线,根据问题的产生和解决形成教学内容,围绕问题实施教学过程,采取不同教学方法解决问题,创造适合于问题探究的教学环境。所以,明确学生的需求、找准学生的兴趣点、开展以问题为导向的教学活动,是混合式教学的关键。

(四) 混合式教学将学生主动探索和教师指导融为一体

混合式教学打破了传统教学模式,将教学打造成教师引导学生主动探索的过程。无论是传统课堂还是网络课堂,以及无论是视频材料学习还是传统课堂讲授,以问题为主线,学生是提出、讨论和解决问题的主体。在此过程中,教师作为组织者、指导者,引导学生进入教学情景,组织学生探究讨论,激发学生思考;学生作为探索者和建构者,通过主动探索和思考,自主构建知识体系。通过混合式教学,学生主动探索和教师指导相融合,使得课堂更加关注学生的学习效率,真正实现了以教师为主导、以学生为主体的教学。

二、网络营销网络课堂教学资源

教学资源是网络课堂建设的落脚点,是顺利开展网络教学的主要保障。网络营销教师将教学资源放置于网络教学平台上,学生只要能够上网,就能随时随地获得所需要的信息和资源,从而非常方便、有效地学习。这样不仅实现了教学资源的共享共用,而且促进了学生的主动学习。

(一) 网络营销课程教学网站

以学校自有或第三方的网络教学平台为依托,建设网络营销课程教学网站,通过信息发布、观看视频、在线互动等方式开展教学,是高校进行网络营销课程网络教学的主要方式。建立在网络教学平台上的教学网站,需要从易用性、功能优化、日常维护等方面入手,不断加强网站建设,增强网站的吸引力和实用性。

一是要保证网站易用性。网络营销课程教学网站建立在网络教学平台上,而网络教学平台设置了通用的教学网站模板及功能模块等,教学网站建设只需选择相应的模板及功能模块,以及上传教学资源等。由于网络教学平台的限制,教学网站建设很容易忽视网站的易用性,如网页布局混乱、导航复杂、下载速度慢、外观设计单一、缺乏视觉吸引力等,从而严重影响了学生的使用度。为此,网络营销教师要认真研究网络教学平台提供的各种服务,根据课程的特点设计教学网站,使网站操作方便、简单易用,符合当代大学生的视觉要求等,增强教学网站的易用性和吸引力。

二是要优化网站功能。网络教学平台提供了通用的课程网站的教学功能模块,如信息发布、视频教学、在线答疑、在线作业、在线考试、资源共享等。一方面网络营销课程教学网站不能功能单一,仅仅设置信息发布等简单的功能,不具备系统教学的功能;另一方面也不能简单地把网络教学平台提供的所有功能模块都放入课程教学网站中。因此,网络营销教师应该根据教学的需要优化教学网站的功能,除了必备的信息发布、视频教学、在线作业和考核等功能之外,更重要的是赋予教学网站互动交流、成果展示、资源共享等功能,由此增强教学网站的实用性。

三是要加强网站维护。企业网络营销活动发展较快,网络营销课程教学内容要及时更新,因此,教学网站要定期维护,资源信息要随着教学内容的更新而更新,否则,教学网站就会形同虚设,失去使用价值。每学期开课前,网络营销教师要对教学网站进行检查维护,及时更新教学资源和信息,确保课程教学网站的时效性。

(二) 网络营销在线开放课程

在线开放课程是网络课堂教学的主要类型之一，也是混合式教学线上教学的主要形式之一。网络营销立足于互联网，建设在线开放课程具备天然的优势，因此，许多 MOOC 平台上运行着多门网络营销及相关的在线开放课程。在传统课堂、网络课堂和实践课堂混合式教学模式中，网络课堂既可自己开发在线开放课程，也可选择 MOOC 平台上已有的在线开放课程。

一是自己开发在线开放课程。在线开放课程开发是一项复杂的工作，需要组建专业化的团队，其团队人员可分为两类：一类是教学设计人员，包括教学内容的确定、脚本设计、教学方式方法的选择等，这一类人员由课程专任教师组成；另一类是制作技术人员，包括视频录制、后期制作、测试反馈等，这一类人员由 MOOC 平台或第三方技术人员组成。当课程上线后，除了维护课程正常运行的平台人员之外，还需要教师团队及时与学生交流互动、释疑解惑。另外，要加强在线开放课程的开放共享，实现网络营销课程教学信息共享、师资共享和技术共享，从而节约教学资源，扩大教学覆盖面，提高课程的选课率和示范性。

为提高网络课堂教学内容与学生学情的契合度，笔者组织教学团队借助智慧树平台自主开发《网络营销》在线开放课程。《网络营销》（山东联盟—山东青年政治学院）课程包括 85 个视频，累计时长 786 分钟，62 道测试题及相关课程资料等。截至 2021 年春夏学期，课程已累计运行四个学期，累计选课 7161 人次，累计学校 57 所，累计互动 4.79 万次。

二是选择已有的在线开放课程。受在线开放课程开发投入较多资源的限制，基于开放共享的 MOOC 教育理念，网络课堂可以选择正在运行的在线开放课程。在线开放课程选择除了考虑平台和教师等因素之外，更重要的是要看教学内容是否符合教学对象需求和教学目标要求,以及是否与传统课堂、实践课堂相辅相成、有机结合。

(三)网络营销移动教学平台

随着移动通信技术的发展和智能手机的普及,世界进入了移动互联网时代,人们的交流沟通更加便捷和自由,人的学习思维和学习方式发生了改变,移动互联平台成为全新的学习空间。网络营销教学需要顺应时代发展的潮流,利用新媒体技术,创新教学方式,开创移动教学空间,探索建立网络营销移动课堂,以此适应新时代学生的学习习惯和学习需求。

一是利用移动教学 App,如雨课堂、蓝墨云班课、超星学习通等,建立与传统课堂相呼应的移动教学平台。移动教学平台将教师备课的过程、教学资源的共享、课堂内外教学中的师生互动、教师对学生的学习答疑和指导、教师布置作业和批改作业等教学环节和步骤有机衔接在一起,把原来需要用纸和笔来做的事情,变成了用手指点触就可完成的事情,并把课堂里的提问、举手回答变成了师生之间的即时互动和即时反馈。依托移动教学平台,教师在课堂内、外各环节中开展线上线下相融合的教学活动,学生由原来的被动学习转变为主动学习,课堂教学效果及学生学习状态都会发生显著转变。

二是建立课程教学微博和微信公众号。网络营销教师可以根据教学需要和学生"网络原住民"的特点,充分利用微博和微信等互联网工具,建立课程教学微博和微信公众号,在发挥其信息发布功能的基础上,赋予其教学功能,建立"移动微课堂",并将课程教学的部分内容,如课程动态、互动反馈、营销热点、扩展阅读等放置在移动课堂中完成,这样不仅可以有效分担其他教学空间的教学压力,而且有利于发挥移动互联的优势和吸引力,学生可以随时随地利用移动设备学习。

三是加强移动教学平台的维护。由于信息传递的随意性和监管的不到位,互联网存在着虚假信息和不良信息泛滥等问题，因此移动教学平台的维护显得十分重要。为此，网络营销课程应以教师为主体，同时选拔具有一定理论素养和技术能力的学生共同组成移动教学平台建设和维护团队，完成移动课堂的资料收集整理、内容上传更新、交流研讨管理等日常维护工作，使移动教学平台能够紧紧围绕着课程教学而有序运行，充分发挥其教学功能和教学价值。

三、传统课堂与网络课堂混合式教学实施

在混合式教学中，网络课堂开放式教学颠覆了传统课堂标准流程传授知识的教学模式，强调借助网络教学平台及教学资源引导学生主动学习，拓展思维，同时对教师的教学能力和信息素养也提出了挑战。相对于传统教学，传统课堂与网络课堂混合式教学实施是一个复杂的过程，其教师和学生需要投入更多的精力和时间。

（一）课前准备阶段

课前准备工作是混合式教学开展的前提和基础。教师不仅要具备丰富的专业知识，还需要深层次地理解和把握专业知识，能够理论联系实际启发引导学生思考。网络营销教师需要做好以下准备工作：整体感知学习内容，开发课程视频、PPT、试题库等相关教学资料等以供学生开展线上学习；厘清教学思路，发布教学活动安排，为学生线上学习课程制定目标和计划；发布实践活动要求，为学生提供实践活动建议，培养其实践能力；结合章节内容和社会热点问题，发布话题讨论，引导学生积极思考开放性问题，促使学生发散性思维的形成；根据学生学习反馈情况来补充课程资料，为学生提供更丰富的网络营销相关知识、学科前沿知识、经典案例分析等；布置章节测试题，检测学生对知识的掌握情况，并根据结果反馈调整课堂教学设计及授课

进度等。

(二) 网络课堂学生学习阶段

网络课堂侧重于学生的理论学习。在网络课堂中，学生要在线完成以下任务：接收教师发布的教学活动通知，了解章节的学习任务和学习目标；观看在线课程视频，阅读相关课程资料，学习相关理论知识；开展学习测试，完成章节测试；在课程交流区参与相关问题的探讨，将学习中遇到的问题和产生的想法进行交流；接收实践活动通知，了解章节理论知识如何应用到实践中，并根据实践活动建议提前做好准备工作等。

(三) 传统课堂教学阶段

在传统课堂中，教师根据网络教学平台的学生学习数据进行教学设计，并确定线下课堂教学的重点和难点。传统课堂教学是一个提问、讨论、答疑解惑的过程，不论是学生提问还是小组讨论都是围绕着问题进行的，在讨论中解决问题，消除学生的疑惑，促进学生发展。教师和学生需要完成以下任务：教师首先向学生说明本节课的教学任务、教学目标和重难点，回顾课程内容和学生网络学习情况，使学生温故而知新；教师收集整理网络课堂中学生遇到的典型问题，并在传统课堂上进行重点讲解；学生展示网络营销实践教学成果，表达观点，分享收获，其他学生和教师进行点评；借助云班课、雨课堂等教学工具，开展相关话题互动讨论及进行章节测试，实现线上线下教学的结合等。

(四) 课后延伸阶段

网络课堂和传统课堂结束并不意味着课程教学的完成，混合式教学实施还有课后延伸阶段。教师通过网络教学平台向学生推送学习资源和课后检测，通过信息反馈帮助学生巩固知识点，实现个性化辅导，激发学生学习热情和主动性的同时也使学生更具信心和成就感。另外，课后延伸不仅体现在学生在网络教学平台作业完成情况和学习结果的反馈上，还应包含对于实践课堂的支持和保障水平，也就是对实践教学项目的理论指导情况。因此，教师一方面要总结教学过程取得的经验和教训，以利于下一步的教学改进；另一方面要总结学生对知识的掌握情况，为实践课堂教学奠定良好的基础。

四、传统课堂与网络课堂混合式教学的反思

教学反思是指教师对教学工作的再认识、再思考，并以此来总结经验教训，进一步提高教学水平。传统课堂与网络课堂混合式教学是一种新的教学改革，有必要从教师和学生的角度进行教学反思。

（一）教师要转变教学理念

教学理念作为教学改革的前提和先导，是教学改革的动力。在新形势下，网络营销教师更新教学理念，提升教学能力，对于网络营销混合式教学改革至关重要。第一，转变课堂教学价值取向，注重学生学习产出。混合式教学不仅是让学生掌握基本理论和基本技能等显性知识，而且更重要的是培养学生学习兴趣与探索精神，学会思考和质疑，获得行之有效的学习方法等隐性知识。第二，转变教师角色，教师从知识的传递者走向学习的促进者。伴随着教育信息化的发展趋势，教师应引导学生正确选择学习资源，能够自主学习和探究学习，学生不仅获得大量的知识，而且更要适应社会的发展，进而形成一种学习能力和探究精神。第三，引导学生树立正确的学习观，学生从被动学习走向主动学习。学习观念和学习态度指导和支配着学生的学习活动，无形之中影响其学习行为和学习效果。在混合式教学过程中，教师应引导学生树立正确的学习观和学习目标，形成良好的学习态度，培养学生学习的积极性和主动性，发挥学生的学习主体作用，才能取得较为理想的学习效果。第四，扩展教学内容，避免教学内容的僵化和陈旧。教师应该走出传统教材

网络营销课程"一体二教三课"教学改革的研究

观的束缚,一方面要用心去发现、挖掘和激活知识的"知、情、义",另一方面要根据教学的实际需要以及知识的更新,及时为学生提供学科前沿知识和网络营销热点问题等。此外,教师应充分利用信息技术,主动学习新的知识,拓宽教学内容的广度和深度,为学生提供更多的学习资源,引导学生开展探索研究,进而实现教学相长。

(二)教师要提升混合式教学技能

传统课堂与网络课堂相结合的混合式教学开展初期难度较大,教学设计、教学实施、平台应用等方面会存在诸多问题,这无疑加重了教师的工作量,对教师的工作态度、知识储备、教学能力和时间投入等都提出了更高要求。混合式教学需要教师不仅要拥有工作热情和较强的责任心,不断更新专业知识拓宽知识面,而且要具备较强的教学设计能力优化网上和网下教学,掌握信息化教学工具使用技术制作网络课堂素材,具备良好的沟通能力和组织协调能力引导学生开展自主学习,保证较长的在线时长,交流指导学生网上学习。这样教师才可以轻松驾驭混合式教学,保证学生的学习效果。

(三)学生要适应混合式教学

相对于单纯的传统课堂,混合式教学的效果较好,教学质量较高,但是加大了学生学习负担,尤其对线上学习要求比较高。混合式教学对于学生来说是新事物,需要颠覆已固化的学习模式,尤其是面对枯燥的学习任务、无监督式的学习环境以及包罗万象的网络诱惑导致的较低学习效率,需要学生合理安排时间,提高自制力与学习力,同时不断调整自身来适应并逐步形成新的学习习惯。教师在推广混合式教学的过程中,需要给予学生适应期,在课时比例上向线下学习倾斜,课前任务难度也由低到高逐步过渡,以及协调好课程任务量,注意减轻学生的负担。教师多多参与学生的线上学习,因材施教,加强线上线下的沟通交流,加速学生更好地适应新的教学模式。教师积极帮助学生合理安排学习时间，制订妥善的学习计划，加强对学习时间的管理和学习过程的监督，督促学生提升自主学习效率，循序渐进地推进混合式教学实施。

混合式教学是传统课堂和网络课堂的有机结合，在网络课堂上以学生自主学习为主，但是教师要发挥指导和监督作用；在传统课堂上，以教师的讲授为主，但是学生要积极参与互动交流。混合式教学充分利用传统课堂与网络课堂优劣势互补的特点，解决课堂的不均衡性及单一性问题，真正发挥学生学习的主体作用，唤醒学生的学习主动性，培养学生的自主学习意识和能力，有效提升课堂教学效果。

第六节　实践课堂

网络营销是一门实践性非常强的课程，实践教学是网络营销课程教学体系的重要组成部分，也是网络营销课程教学改革的重要内容。但在实际教学中，网络营销课程实践教学依然存在一些问题，例如，对实践教学的重视不够，课时和教学安排比较随意；实践教学形式单一，与理论教学存在"两张皮"现象；实践教学考核简单化，考核指标体系不健全；实践教学缺乏有效的组织管理，且教学设计缺乏针对性和可行性等。这些问题严重制约了网络营销课程实践教学功能的发挥。

传统课堂、网络课堂和实践课堂三个课堂混合式教学是一种新的课堂教学模式。在网络课堂上，学生观看教学视频，阅读学习材料，完成在线测试，做好传统课堂上课准备；在传统课堂上，教师讲解，组织学生研讨、展示等教学活动，突破教学重点和解决教学难点，提高学生分析和解决问题的能力；在实践课堂上，教师根据课程内容及教学目标，设计实践任务或项目，学生利用所学知识完成实践操作任务，提升操作能力和实践水平，提高职业能力与工作素养。在三个课堂混合式教学的过程中，需要不断改进和完善实践教学体系，打造一个内容丰富、形式多样、管理规范的实践课堂，加强其与网络课堂和传统课堂的有机互动，实现网络营销课程教学的知行合一。

一、网络营销实践教学资源整合

实践教学资源是网络营销课程开展实践教学的基础和前提条件。网络营销教师需要整合个人、学校、企业和网络等类型的实践教学资源，丰富实践教学内容，创新实践教学形式，推进课内实践和课外实践的有机结合。

（一）整合实践教学资源

网络营销课程实践教学资源极其丰富，但是具有分散性，且由于立足互联网，其发展变化比较快。因此，网络营销课程打造实践课堂，需要在全面了解、深入分析和客观评估各种实践教学资源的基础上，科学有效地整合各类实践教学资源，发挥各类实践教学资源的优势和功能，从而丰富实践教学的内容和形式，增强实践教学的吸引力和实效性。

一是整合个人资源。网络营销与人们的日常生活联系密切，许多学生在学习之余开展微商活动，撰写微信公众号文章或头条文章，拍摄短视频等，这些都是网络营销实践教学资源。另外，将学生个人的实践活动整合到实践教学中，能够拓展实践教学的范围，弥补实践教学资源的不足，而且与学生的兴趣能紧密结合在一起，也能够极大地提升实践教学的效果。

二是整合学校资源。为推进创新创业教育，营造校园科创的学术氛围，高校纷纷开展学科竞赛、创新创业训练、社会实践等活动。很多活动立足于网络市场,将互联网作为工具使用。将与互联网相关的活动整合到网络营销实践教学中,第一课堂与第二课堂有机结合,构建实践教学课内外一体化模式。

三是整合企业资源。在学校提供实践教学支持和保障的同时,以校企合作、产教融合为契机,积极与企业、自媒体等社会单位合作,开展校企共建课程,引入部分优秀的企业教师,获得一定的实践教学经费,建设相对稳定的实践教学基地,确保实践教学的顺利开展。

四是整合网络资源。在互联网上,存在着各种类型的可以供网络营销实践教学使用的第三方网络资源(见第三章第五节)。这些网络资源是真实的实践活动,但是教师不能控制,所以,需要遴选、评估后才能用于实践教学,以此确保适用于网络营销实践教学活动。

(二)创新实践教学形式

实践教学能够借助多样化的教学资源和灵活生动的教学形式,突破课堂教学的时空限制,提升教学的实效性和吸引力。因此,网络营销课程要提升实践教学的水平,在有效整合实践教学资源的基础上,需要根据教学目标的要求,丰富实践教学内容,创新实践教学形式,实现课内实践和课外实践的同步推进。

一是积极推动课内实践项目创新。课内实践是网络营销实践教学的主阵地。网络营销教师要根据教学目标和教学内容,结合各种实践教学资源的特点,开发设计与之相适应的实践项目,并通过模拟训练、实际操作和竞赛等形式,积极推动课内实践项目的创新,激发学生的学习兴趣和积极性,强化实践项目的吸引力,有效提高实践项目的实效性。

二是积极拓展课外实践活动。课外实践是网络营销实践教学的有效补充,存在着书本上和课堂中学习不到的丰富知识和生动体验。因此,网络营销教师要借助丰富的实践教学资源，积极拓展课外实践活动。既可以激励学生个体开展微商和自媒体宣传等活动，也可以组织学生参加网络营销社会实践、学科竞赛、创新创业项目等，并用理论指导实践，以实践检验理论，实现理论与实践的结合。

二、网络营销实践课堂教学改革内容

实践课堂在网络营销实践教学中居于核心地位，它的成功与否直接决定了整个实践教学的成败。网络营销实践课堂涉及的因素较多，其教学改革也包含了较多的具体内容。

（一）重视实践课堂

实践能力是企业用人标准结构的主要内在指标之一，为满足企业对人才的需求，市场营销专业及教师必须重视学生实践能力的培养。从专业层面看，市场营销专业应定期召开实践教学研讨会，就实践课堂教学工作中遇到的问题展开研讨和交流；另外积极组织实践教学培训活动，提高网络营销教师的实践课堂教学能力。从教师层面看，网络营销教师在让学生了解实践能力在企业用人标准结构中的重要性的基础上，通过介绍课程的特点、学时的划分和考核评价标准等，使学生能够清楚地理解实践课堂独立出来的必要性和在网络营销教学中的重要地位。

（二）优化课程设置

根据学生专业能力和素质的需求，网络营销课程合理安排教学内容，适当增加实践课时的比重。一方面，网络营销是一门理论性与实践性都较强的课程，过多的理论课时容易使学生丧失兴趣，达不到教学目标。因此市场营销专业在制订人才培养方案时，应优化课程设置，提高网络营销实践课时所占比例。另一方面，为提高学生理论和实践相结合的能力，网络营销课程以网络营销方法为教学单元开展理实一体化教学,每一教学单元的理论知识学习后应立即开展相关实践活动,以此强化学生对理论知识的吸收和应用。另外,市场营销专业教学计划如果安排网络营销课程较多的课时,可以考虑将网络营销课程实践教学环节设置为一门独立的实践课程。

(三)改革实践教学内容

围绕课程教学目标,以培养学生实践能力为核心,网络营销实践教学内容分为三大类:基本技能训练强化对网络营销工具和方法的认知、专项实践训练强化对网络营销专项技能的培养、综合实战演习提升学生开展网络营销活动的综合能力(见第三章第四节)。这三大类实践教学层层递进、分段实施,依托具体实践项目开展。在实践教学项目设计上,将第三方网络资源、学科竞赛、创新创业项目和企业真实项目引入实践教学中,突破传统教学的局限性,解决传统教学与企业营销活动相脱节的问题,以及让学生参与实践项目实施的全过程,亲身体验实践项目每一个环节的具体要求和操作技巧,真正做到学以致用。

(四)合理运用教学方法

实践教学是培养学生实践能力的主要途径,而理论教学是实践教学的基础,两者都不能忽视。在理论教学环节上,网络营销教师可选择讲授法、案例分析法、情景教学法、自主探索法等强化学生对教学内容重点、难点的学习。在实践教学环节,网络营销教师不能机械地使用单一的实践教学方法,应根据教学内容和学生的发展特点灵活运用多种教学方法,如项目教学法、任务驱动法、小组合作法等激发学生的学习热情,在完成任务或项目的过程中,培养和提高实践能力。网络营销教师应不断学习和研究有关实践教学的理论,观摩企业教师授课过程,在课堂上亲自实践并不断反思,探索适合市场营销专业网络营销课程的实践教学方法。

（五）改善实践教学条件

实践教学条件是开展实践教学的基础和前提，实验室和实践基地是网络营销实践教学的物质基础。校企合作、产教融合不仅能够促进网络营销课程教学改革，也有利于实验室和实践基地的建设。第一，与企业合作建设网络营销实验室和校内实践基地，能够使网络营销实践教学与企业接轨，也方便学校的统一管理，有助于教学工作顺利开展。第二，利用校内实训基地和实验室，邀请企业专家到学生身边展开实践指导，开展网络营销实践教学，学生能在实践操作中快速提高自身网络营销技能。第三，与企业建立校外实践基地，通过校外实践让学生了解企业网络营销的现实运营状况，感受网络营销的工作氛围，锻炼实操能力的同时培养职业素养，为以后的就业创业做好准备。

（六）完善实践教学案例库

案例教学既能让学生了解企业网络营销活动的现状，又能理解网络营销理论知识在实践中的应用，是网络营销课程倡导的一种重要教学方法。为增强案例教学的时效性，网络营销教师应紧密结合当前企业网络营销活动的现状，持续选取经典的网络营销事件进行整理和分析，形成案例，收录案例，建立案例库。将案例教学应用于实践教学中，网络营销教师能够解决理论与实践相脱离的问题，有效地提升学生的实践能力。

（七）改革实践教学考核评价

课程考核是教学工作的重要环节，也是评价教学效果的主要方法。网络营销课程考核以培养应用型人才、促进学生能力发展和素质提高为指导思想，实践教学考核突出学生实践能力的培养，重视过程性考核，采取"实践+实践报告"相结合的考核方式。实践包括实践过程和实践结果，实践成绩根据学生的实践过程表现和实践结果（如文章的阅读量、产品的销售额等）来评价；实践报告是学生实施实践项目的总结，实践报告成绩根据实践报告内容及要求来评价，二者成绩占比随着实践项目的不同而不同。

（八）完善教师知识结构

课程教学改革与教师知识结构完善是一种相互依存、相互促进的关系，课程教学改革既依存于教师的知识结构，又为教师知识结构的完善提供了平台。网络营销既是一门理论和实践相结合的课程，也是一门多学科交叉的课程，这就要求任课教师要完善知识结构，改变知识结构单一的问题。网络营销教师不但要掌握精深的营销知识，而且应了解电子商务、互联网技术等相关学科知识，以及不仅要有扎实的理论知识，还要有丰富的实践经验。

（九）加强实践课堂的组织管理

实践教学包括实践教学大纲制定、实践项目设计、实践过程组织、实践成果考核等多个环节，因此，网络营销课程要建立科学有效的组织管理体系，不断强化实践课堂的组织管理，推进实践教学的顺利开展，确保实践课堂的长效稳定运行。

一是要加强教学组织管理。传统教学重视理论教学，轻视实践教学，并且实践教学缺乏有效的过程管理与质量监控，导致实践教学常常流于形式。因此，网络营销实践教学要加强组织管理，从教学计划的制订与执行、教师指导与学生实施的过程管理，到最后实践结果的考核评价等环节，建立健全科学的实践教学管理体系。

二是要加强教师指导管理。指导教师是保障实践教学顺利进行的关键因素。由于企业网络营销活动变化较快，指导教师要及时更新实践教学内容，以紧跟企业实践发展情况。同时，以真实活动作为实践教学项目时，由于竞争激烈和实践要求较高，学生极易中途放弃，所以指导教师要加强思想指导，激励学生坚持到底。另外，当开展校企合作时，由企业教师组织开展实践教学，学校需要加强企业教师的管理。

　　课堂是教学的主阵地。网络营销混合式教学将课堂一分为三，学生在传统课堂和网络课堂上获得"知"，在实践课堂上实现"行"，可以说，传统课堂和网络课堂是实践课堂的基础，实践课堂是传统课堂和网络课堂的升级。网络营销传统课堂、网络课堂和实践课堂混合式教学将线下教学和线上教学、理论教学和实践教学有机结合在一起，正确协调了教师的主导作用和学生的主体地位的关系，有效地调动了学生学习的积极性和主动性，是课堂教学的一种改革和创新。

第五章 网络营销课程教学改革保障

网络营销课程"一体二教三课"教学改革是一项系统性工程，需要我们统筹谋划，突出重点，整体推进，在教学原则、顶层设计、课程考核、师资队伍等多方面进行综合配套改革，从而为教学改革全面、系统、深入推进提供坚实保障。

第一节 教学改革的原则

原则是行动的指南。为了保障网络营销课程"一体二教三课"教学改革的顺利进行，需要遵循一定的原则。

一、遵循以学生为中心的原则

首先，要调研分析学生的实际情况，根据学生的实际情况设计教学活动。

在网络课堂建设上,应充分考虑每个学生的学习基础不同的情况,全面、详尽、系统地制作教学视频和网络课件,使每一个学生都能从中受益;在传统课堂讲授环节,应从学生遇到的问题和困惑出发,通过线上与线下等多种渠道收集学生的疑难问题,并进行针对性教学;在实践教学上,除了统一的实践教学项目之外,还应设计一些个性化的实践教学项目,让学生根据自己的实际情况选择完成,以求激发每一个学生的创造性思维。

其次,要充分调动学生参与传统课堂、网络课堂和实践课堂三个课堂的主动性和积极性。三个课堂混合式教学模式是将学生自主学习与教师课堂讲授相结合、理论学习与实践学习相结合的多样化课堂教学模式,它赋予了学生自主安排学习的时间和空间,也在一定程度上提供了学生决定教学效果好坏的权力。只有学生主动完成自主学习任务,积极投入实践活动,敢于提出自己的疑难,化解自己的困惑,传统课堂、网络课堂和实践课堂三个课堂混合式教学模式才能真正落地见效。

最后,要充分尊重学生的学习主人翁地位,尊重学生的个性特征和创造性思维。在传统课堂、网络课堂和实践课堂三个课堂混合式教学模式中,不管是传统课堂,还是网络课堂和实践课堂,都是学生表达自我、展现自我、拉近师生距离的平台和渠道,教师应积极鼓励和引导学生表达出自己的个性化诉求,尊重学生的学习成果,切不可以说教、以训斥的方式随意否定、扼杀学生的积极性和创造性。

二、遵循以教师为主导的原则

以教师为主导是网络营销课程"一体二教三课"教学改革的基本原则。特别是在传统课堂、网络课堂和实践课堂三课堂混合式教学模式中,教师不仅是课程的设计者和讲授者,也是网络课程的建设者和管理者,还是实践教学活动的策划者和组织者。首先,教师应充分重视三个课堂的具体建设工作。在网络课堂建设上,教师应重视网络平台内容的完善和更新;在传统课堂建设上,教师应充分重视教学方式方法的改革;在实践课堂建设上,教师应重视实践教学项目的设计。其次,教师应根据教学计划和课时分配,以及学生的实际情况,合理安排和统筹组织传统课堂、网络课堂和实践课堂的教学活动,在协同配合中推进教学进程。最后,教师要切实发挥自己在教学过程中的主导作用。从某个角度上讲,传统课堂、网络课堂和实践课堂三课堂混合式教学模式缩短了教师授课时间,也给予了教师灵活安排教学的空间。此时,教师应以强烈的责任心和饱满的热情,积极地创新和改进课程教学活动。

以教师为主导的原则还需要教师积极探索多元化的教学方式方法。网络营销教师应积极探索适合学生的授课方式,根据学情改革教学方式方法,比如采用启发式讲授、互动式课堂和探究式讨论等教学方式方法,通过课堂讨论、成果展示及学习反馈等环节帮助学生融入课堂,促进学生在交流中反思,在互动中不断成长。

三、遵循灵活性与原则性相统一的原则

在教学形式上,传统课堂、网络课堂和实践课堂三课堂混合式教学模式可行而且应该灵活多样。从该模式的构架来说,它本身就是传统、网络、实践三个课堂形式的结合;从每个课堂的具体建设上讲,它可以根据授课内容、授课空间的差异采取不同的方式方法。比如,传统课堂可以采用启发式、案例式及PBL(Problem-Based Learning)等教学方式方法,甚至交叉组合运用。然而,该模式又具有原则性,在教学内容和教学任务上,应该具有明确的针对性和教学目的性,避免教师在教学环节的盲目性和随意性上对整个课程教学效果产生影响。传统课堂、网络课堂和实践课堂三个课堂是"一体

化"的模式,这就意味着该模式是合理分工之上的系统整合,是在同一目标指导下三个课堂的有机结合,而不是盲目组合、随意组合。其形式灵活的背后,是教师对教学内容和课程时间紧密细致的安排和准备。

四、遵循统一和分散相结合的原则

课程内容体系、理论教学和实践教学、传统网络和实践三个课堂是网络营销课程"一体二教三课"教学改革依次递进的三个要素,它们与"一体二教三课"教学改革的关系是部分与整体的关系,整体划分为部分,部分组合成整体。网络营销课程"一体二教三课"教学改革要坚持统一和分散相结合的原则,既应着眼于课程内容体系、理论教学和实践教学、传统网络和实践三个课堂的具体改革,又要注重三者的依次递进、彼此衔接。"分散"以"统一"为基础。课程内容体系、理论教学和实践教学、传统网络和实践三个课堂虽然相对独立,但都是"一体二教三课"教学改革的组成部分,都从根本上服务于网络营销课程教学。无论是课程内容体系的建构,还是理论与实践一体化教学以及传统网络和实践三课堂混合式教学都是从网络营销教学的整体视角出发的一种有计划、有目的的教学活动。"统一"以"分散"为前提。没有"一体二教三课"将教学改革一分为三的"分散",就没有"统一"的可能。因此,只有科学贯彻统一和分散相结合的原则,网络营销课程"一体二教三课"教学改革才能凭借三个要素的自身优势,发挥整体力量大于部分力量之和的协同效应。另外,理论教学和实践教学相对于"二教"、传统课堂、网络课堂和实践课堂相对于"三课"也要坚持统一和分散相结合的原则。

第二节 教学改革的顶层设计

课程教学改革是一项系统性工程，涉及教学目标、教学内容、教学方式方法、教学评价、教学管理等方方面面。因此，网络营销课程"一体二教三课"教学改革要切实加强顶层设计，克服改革过程中只见树木不见森林的局限，教学改革才会更具系统性和协同性，一步一步扎实推进。

一、制定课程教学大纲

教学大纲是指导课程教学的纲领性文件。当网络营销课程开展"一体二教三课"教学改革后，课程的教学目标、教学内容、教学方式方法、课程考核等都会发生较大的变化，所以，网络营销需要修订课程教学大纲，以指导课程的教学活动。

根据应用型人才培养和课程思政的要求，网络营销教学目标除了一般的知识、能力和素质要求之外，还应该特别强调学生能够理论联系实际，发现、分析和解决企业网络营销活动中存在的问题，以及培养诚信和遵守规则的意识，使学生具备较强的创新精神和创业意识等。在教学内容上，网络营销不仅要建构新的内容体系和更新网络营销知识，而且还要设置实践教学内容，做到理实一体化教学。由于课堂划分为传统课堂、网络课堂和实践课堂，所以网络营销教学计划或者教学日历要按照三个课堂的特点制订，特别是三个课堂的教学内容要协调配合。另外，网络营销课程考核要采取全过程多元化考核，改变传统以笔试为主的单一考核方式。

二、加强教学过程管理

与传统课堂相比，网络课堂和实践课堂在教学形式上具有较大的不同。在网络课堂上，学生主动性强，依靠网络学习平台相对独立完成学习任务；教师布置学习任务，提出学习要求，依托平台与学生互动和检验学生学习状况，平台在网络课堂上发挥较大的作用。在实践课堂上，网络营销课程实践教学资源丰富，既有课程统一设计的实践教学项目，也有鼓励学生参加的学科竞赛和创新创业项目，还有学生自发的网上销售和内容营销活动等，其实践教学形式灵活多样，个体和团队有机结合起来，课内和课外交叉进行。

针对网络课堂和实践课堂的特殊性，网络营销教师要加强两者教学过程的管理。网络课堂和实践课堂一方面要与传统课堂同等对待，纳入课程的教学大纲和教学计划中；另一方面在教学内容的安排、教学活动的组织、课程考核的规范上等不能疏于管理，也不能流于形式。只有这样，网络营销传统课堂、网络课堂和实践课堂三课堂混合式教学才能取得实效。

三、加强教学质量监控与评价

教学质量监控与评价是推进教学改革顺利进行，保障教学质量稳步提升的重要举措。网络营销传统课堂、网络课堂和实践课堂三课堂混合式教学是一种新的探索和尝试，需要加强教学质量监控与评价。首先，教学质量监控与评价不仅包括传统课堂，更要覆盖网络课堂和实践课堂。当然，要建立符合网络课堂和实践课堂特点的监控与评价体系。其次，要加强对教师教学质量的评价和日常教学的动态检查，并及时将评价信息反馈给教师本人，由此实行教学的全过程监控。最后，要开展多元化的教学质量评价，不仅要充分听取学生的意见和建议，加大学生评教的力度，而且要充分发挥学校教学督导委员会的作用,加强对课程教学工作的督促、检查和评估。总之,网络营销课程"一体二教三课"教学要建立一种全覆盖、全过程、多元化的教学质量监控与评价体系。

四、提供教学改革保障经费

网络营销课程"一体二教三课"教学改革要以一流课程建设、课程思政、实践教学、校企合作等多领域的教学改革为契机,争取多项教学改革项目的经费支撑,进而加大经费的投入力度。教学团队应严格遵守学校关于教学改革专项经费的管理办法,严格履行财务制度,加强经费管理,实行专款专用,优化经费支出结构,确保经费使用的公开透明和教学改革的有序开展。

网络营销教学改革是一个动态的循环往复的过程,需要不断设计、不断实践、不断总结。根据课程特点和教学实际情况,网络营销教学改革要通盘考虑,尊重实践,不唯模式,做好顶层设计,切实保障教学改革可行、有效。

第三节 全过程的多样化考核

课程考核是检验教师的教学效果和考查学生学习状况的重要环节。建立科学化的课程考核机制,不仅有利于掌握学生的学习状况,发现教学中存在的问题,及时进行查漏补缺和靶向教学,而且有利于体现科学的教学理念和目标,正确引导学生的学习,从而提升教学质量。

一、多样化考核

传统课程考核大多以灌输式教学为基础,考核方式比较单一,主要采用课堂考勤和试卷考试的方式进行,重知识轻能力,重课堂轻实践,考试内容多以书本知识为主,更多注重考查学生对理论知识的掌握情况。随着经济社会发展对人才的能力与素质要求的不断提高,这种考核不仅无法真实检验学生的实践能力和综合素质,而且容易误导学生采取死记硬背的方式进行学习,由此丧失学习的兴趣和信心,严重影响网络营销课程教学效果的提高。

网络营销课程"一体二教三课"教学改革需要在准确把握教学目标以及传统课堂、网络课堂和实践课堂三课堂特点的基础上,积极推动课程考核的改革,树立"能力、素质考查与知识考查并重"的考核理念,建立以能力为核心,知识掌握、能力培养、素质发展等多元化的考核指标体系,积极探索试卷考试、课堂互动、实践报告、小组汇报、项目答辩等多样化的考核方式,把考核重点从单纯考查学生知识储备情况,转变为全面考核学生运用理论知识分析与解决实际问题的能力,以及创新精神和创业意识等综合素质,从而体现课程考核的科学性,并对网络营销课程的教与学发挥正确的导向性作用。

二、过程化考核

期末一次性闭卷考试的传统课程考核方式存在着较大的弊端,就在于"一考定成败",仅仅考核学生的知识掌握情况,忽视了学生能力培养的考核;注重终结性考核,忽视了过程性考核。在传统课程考核方式导向下,教学的中心是"教"而非"学",主体是"教师"而非"学生",课堂时间主要花费在学生被动的"知识接受"上而非主动的"认知实践"上。

在传统课堂、网络课堂和实践课堂三课堂混合式教学模式下,由于引入了"自主学习模式""互动学习模式""实践模式"等多元化的教学形态,网络营销课程建立了"在线学习"+"课堂学习"+"实践操作"+"期末考核"全过程的考核评价体系。在这种多元的考核评价体系中,教师能够及时评估与判断学生的学习状况，更关注学生的学习过程。"全过程"的考核评价体系可以动态监控学生的学习过程，对诊断和调节学生的学习行为，以及培养学生的能力和素质有着积极的意义。

在过程化考核模式下，网络营销课程成绩评价不再是简单的日常考勤成绩+期末考试成绩，而是全过程学习考核，包括线上学习过程、线下学习过程和实践操作过程三个方面：线上学习成绩包括在线学习（观看视频进度、单元测试及学习笔记）+讨论区（发帖及回帖量）+线上期末考试；线下学习成绩包括课堂表现（考勤、互动等）+期末笔试；实践操作成绩包括课堂表现（考勤、过程表现）+实践报告+实践成果展示，共有8个学习行为指标来衡量与评价学生的学习效果。教师可以根据学生学习的难易程度及占学习总量的时间比例来自行规定各部分分值比重。线上类、线下类、实践类模块化的过程性考核，有助于教师根据反馈的考核结果及时调整教学设计，学生也可以及时掌握自己的学习情况，有效地激发学习的主动性和积极性。

网络营销课程"一体二教三课"教学改革应与课程考核方式改革相结合，通过考核了解教学过程的情况和教学改革的效果，测量学生的能力水平，及时分析和反馈教学中存在的问题，引导教学内容、教学方式方法的改革，突出实践能力的培养，提高课程的教学质量。

第四节 加强师资队伍的建设

"一体二教三课"是网络营销课程教学改革的一种积极探索，对任课教师提出了新的要求。它不仅要求教师树立现代教学理念，掌握必要的网络营销理论素养和理论教学能力，而且要求教师具备较高的网络营销实践素质和实践教学能力，以及拥有把理论与实践融会贯通的素质和能力。因此，网络营销课程教学改革必须要加强师资队伍的建设。

一、树立开放、平等、协作、共享的教学理念

互联网具有开放、平等和去中心化的特征，网络营销是以互联网为手段和工具开展的营销活动，以网络营销为教学内容以及将互联网作为工具开展教学活动，要求任课教师要树立现代教学理念，很好地继承互联网开放、平等、协作、共享的精神。

首先，网络营销教学活动从实体教室延伸到互联网上，师生之间随时随地开展讨论交流，教学时空的突破、思想观点的碰撞要求教师要树立开放的教学理念，吸收或借鉴网络营销最新的理论和实践成果，如企业网络营销活动的案例、学生的网络营销实践成果等。其次，建立师生之间平等和谐的关系，尊重学生的人格和个性，消除学生的紧张感和顾虑，不断鼓励学生产生新的想法，把学生从被动的状态中解放出来，成为学习的主人，学生自己主动地学习知识，培养能力，发挥自身的主观能动性。再次，教师的职责由以"教"为主变为以"导"为主，教师成为课程设计者、组织者和指导者，帮助学生发现、组织和管理知识，教师与学生协作，力求教与学两种活动的协调一致，让学生会学、乐学，积极主动参与到教学过程中。最后，教师不再是学生获取知识的唯一途径，学生通过网络、实践等多种途径获取的知识有时比教师还要丰富。教师不再是知识的垄断者，学生变成了兼具知识消费者和生产者的双重角色。因此，课程教学变成了师生之间知识分享的过程。

二、具备传统课堂、网络课堂和实践课堂的教学素质和能力

传统课堂、网络课堂和实践课堂是一个整体，但是又具有不同的教学特点。作为三课堂混合式教学改革的教师，要适应三个课堂的教学特点，并具备三个课堂的教学素质和能力。

在传统课堂上，知识内容要常讲常新，任课教师要树立终身学习意识，自觉加强网络营销知识的学习，主动将学科前沿知识、学科热点问题、学术研究成果等融入到课堂教学中。知识是教学的主体内容，但是网络营销日新月异，课堂所学毕竟有限，学生除了学习知识内容外，更应该掌握正确的世界观和科学的方法论。教师要注重启发和引导学生思考，培养他们的自主创新意识和开放性思维，敢于提出新见解，能够从容应对企业网络营销出现的新问题。

与传统课堂教学不同，混合式教学模式不仅要求教师要有工作热情和责任心，而且要具备更高的教学能力，包括混合教学认知能力、混合教学设计能力、混合教学信息技术应用能力、混合教学组织与实施能力等，这些教师的教学能力水平直接影响混合式教学的实施效果。混合式教学的实施还需要教师不断更新和丰富教学资源，掌握信息化教学工具，保证较长的在线时长与学生交流并指导学生线上自学，保证学习效果。

实践课堂要求教师具备较高的实践教学能力，要加强教师实践素质和实践教学能力的培养。一是采取教师到企业实践、企业专家专题培训、教师为企业提供科技服务等方式，改进和完善教师的素质结构和能力结构。二是建立企业专家进课堂的长效机制，聘请企业专家担任校外兼职教师，挖掘企业实践资源，共同合作开发实践教材等，提高教师的实践教学能力。三是加强对任课教师的培训。通过参加网络营销相关培训活动，提升网络营销教师的

实践能力。网络营销课程要以校企合作、产教融合为契机,建设一支校内任课教师和企业专家组成的教学队伍,通过团队合作、优势互补,推进师资队伍建设,从而提升理实一体化教学水平。

课程教学改革的关键在于教师。课程教学改革和师资队伍建设是密切相关的,两者之间存在着相互影响、相互制约和相互促进的关系。一方面,课程教学改革是教师专业成长的途径和手段,能够极大地促进师资队伍的建设;另一方面,师资队伍建设提高了教学团队的专业素质和能力,能够推进课程教学改革的顺利实施。从一定意义上说,课程的改革就是教师的改变,课程的发展就是教师的提高,课程教学改革的过程也就是教师重构自身素质和能力、提高自身教学水平的过程。

第六章 研究结论与研究局限

第一节 研究结论

本书以问题为导向,研究网络营销课程的教学改革。首先,研究课程内容体系的构建原则和课程内容的更新机制,以及建构了网络营销课程内容体系。其次,研究课程理论教学和实践教学的一体化关系,论述了基于网络资源、学科竞赛、创新创业教育、校企合作的实践教学。再次,研究传统课堂、网络课堂和实践课堂三个课堂混合式教学模式,指出网络营销课程需要改革传统课堂、建设网络课堂、创新实践课堂。最后,提出网络营销课程教学改革的保障措施。通过研究梳理,本书提出以下观点:

一、网络营销课程要立足于专业人才培养建构内容体系

网络营销课程内容体系不是固定不变的,也不是单一的,要立足于专业人才培养，紧跟网络营销实践发展，支撑专业人才培养目标的实现。市场营销应用型本科专业建构网络营销课程内容体系，要坚持以市场营销基本理论和原理为指导思想，以网络营销策略为主线，以网络营销方法及工具为主体，同时兼顾互联网技术的相关知识和内容更新机制等。该课程内容体系包括网络营销概述、网络营销战略、网络营销策略、网络营销新发展等内容，其中网络营销方法作为网络营销课程的主体内容，包含于网络营销策略中。

二、网络营销课程要开展理实一体化教学

网络营销是一门实践性非常强的课程，该课程不仅有理论教学，也要有实践教学，二者融合一体化、不可或缺、不可偏废。网络营销课程以网络营销方法为教学单元开展理实一体化教学，实践教学类型包括网络资源型、软件模拟型、学科竞赛型、项目驱动型和企业实战型等。网络营销课程可以将网络资源、学科竞赛、创新创业项目、校企合作等引入实践教学中，并推进理实一体化教学的落地。

三、网络营销课程要开展传统课堂、网络课堂和实践课堂混合式教学

网络营销课程立足于互联网，重视实践教学，教学阵地从传统课堂扩展到网络、实践活动，建立了传统课堂、网络课堂和实践课堂三个教学空间。三个课堂有机统一、相辅相成。传统课堂从教学方式方法、教学内容、教师角色和教学生态等方面进行改革，网络课堂从教学网站、在线开放课程、移动教学平台等方面进行建设，实践课堂从教学资源、教学形式和组织管理等方面进行创新。

总之，本书从网络营销课程内容到课程教学、再到课堂教学，环环相扣，层层递进，构建了网络营销课程内容体系，强调了网络营销理实一体化教学，提出了传统课堂、网络课堂和实践课堂三个课堂混合式教学，对市场营销应

用型本科专业网络营销课程教学改革具有一定的借鉴意义和应用价值。

第二节 研究局限与研究展望

本书建构了网络营销课程内容体系,论述了基于网络资源、学科竞赛、创新创业教育、校企合作的实践教学,指出网络营销课程要改革传统课堂、建设网络课堂、创新实践课堂。但由于笔者能力以及主客观因素的限制,本书在以下方面需要进一步改进和完善:

第一,本书建构了网络营销课程内容体系,并没有细化到网络营销课程的具体内容,因此,在研究理实一体化教学以及传统课堂、网络课堂、实践课堂三个课堂混合式教学时,只是提出了教学的思想、原则和一般要求等内容,没有深入到实际操作层面,导致研究成果落地存在一定的问题。

第二,本书建构了网络营销课程内容体系,论述了网络营销课程的理实一体化教学,提出了网络营销传统课堂、网络课堂、实践课堂混合式教学模式,研究成果在一定范围内、一定程度上进行了应用和检验,取得了一定的效果,但是结论的普适性有待于进一步扩大,还需要进一步推广应用和检验。

第三,本书仅站在课程层面论述网络营销课程的教学改革,研究成果与市场营销专业应用型人才培养和学校应用型转型发展结合不够,这可能导致本书研究站位不高,视野不够宽广,内容没有深度。

总之,本书还存在较多问题和不足,需要进一步改进和完善。下一步笔者将深入应用和推广教学研究成果,在教学实践中完善研究成果,推进网络营销课程的教学质量和教学水平的不断提高。

参考文献

[1] 鲍杰,毛应爽,于萍.基于超星学习通的混合式教学模式研究——以《网络营销实务》课程为例[J].长春工程学院学报(社会科学版),2020,21(3):130-134.

[2] 常艳丽.成果导向教育理念下网络营销课程混合式教学改革实践[J].河南教育学院学报(哲学社会科学版),2019(5):121-124.

[3] 陈仁涛.高校思想政治理论课理论教学与实践教学协同育人机制的构建[J].思想政治课研究,2017(6):24-29.

[4] 陈亚鹏.项目教学法内涵、理论与问题探讨[J].吉林农业科技学院学报,2014,23(4):84-87.

[5] 陈娅.基于实践能力培养的中职网络营销课程实训教学研究[D].贵州师范大学,2018.

[6] 陈尧.翻转课堂在高中生命科学教学中的应用策略研究[D].上海师范大学,2018.

[7] 程海燕,程勇兵.三维协同 项目导向——"出版网络营销"课程教学模式研究[J].出版发行研究,2015(11):91-94.

［8］代桂勇．高校市场营销专业网络营销课程内容体系构建［J］．中国成人教育，2012（12）：152-154.

［9］代桂勇．企业网络营销策略研究［J］．现代营销（下旬刊），2019（8）：72-73.

［10］代桂勇．学科竞赛视角下网络营销课程实践教学研究［J］．长沙大学学报，2019，33（5）：121-126.

［11］冯英健．网络营销［M］．北京：高等教育出版社，2021.

［12］冯英健．网络营销基础与实践（第5版）［M］．北京：清华大学出版社，2016.

［13］冯英健．新网络营销［M］．北京：人民邮电出版社，2018.

［14］龚新湘．依托学科竞赛平台的市场营销策划课程教学改革研究［J］．科技经济市场，2015（2）：221-222.

［15］贺梅英，金淑华，章国荣，金丹青．大学物理实验"学科竞赛、教学改革"互动模式的探索［J］．宁波工程学院学报，2010，22（3）：117-119.

［16］江婷．网络营销实训课程教学效果的实证性研究［J］．时代教育，2012（6）：32.

［17］蒋文杰，程宏．基于学生能力提升的"网络营销"课程教学及考核［J］．高等工程教育研究，2010（S1）：159-161.

［18］李金昌，林家莲．实践教学与学科竞赛相结合，促进创新人才培养［J］．实验技术与管理，2011，28（11）：1-3+16.

［19］李军成，陈国华，刘成志，杨炼，邓华．基于学科竞赛驱动培养地方院校数学类应用型创新人才的探讨［J］．高教学刊，2019（11）：32-35.

[20] 李苏北. 以学科竞赛为载体 推动课程建设与学生创新能力培养[J]. 大学数学, 2009, 25 (5): 8-10.

[21] 李小平, 王晓楠. 论任职教育教学内容的动态更新机制[J]. 继续教育, 2014, 28 (4): 25-27.

[22] 李晓晟. 创业导向的高校网络营销课程实训体系设计研究[J]. 山东商业职业技术学院学报, 2021, 21 (2): 45-49+57.

[23] 李雨辰. 网络营销在高校思想政治教育中的运用[D]. 江西财经大学, 2018.

[24] 李玉红, 李凯旭, 于善波. 基于互联网时代下的网络营销课程混合式教学模式研究[J]. 商场现代化, 2017 (4): 2.

[25] 刘会丽. "项目主导、专创融合"人才培养模式下的《网络营销与策划》课程教学设计与实施[J]. 延安职业技术学院学报, 2020, 34 (5): 69-71.

[26] 陆丽亚. 提高中职数学学困生自主学习能力的探索[D]. 苏州大学, 2008.

[27] 马哲明, 安鹏. 基于社会化网络资源的网络营销教学信息平台构建研究[J]. 情报科学, 2017, 35 (12): 90-95.

[28] 毛静, 李瑞琴. "三全育人"背景下课程思政教学理念与实践方式探索——以《国际贸易学》课程为例[J]. 国家教育行政学院学报, 2020 (7): 78-84.

[29] 庞维国. 自主学习理论的新进展[J]. 华东师范大学学报（教育科学版）, 1999 (3): 68-74.

[30] 曲慧梅. 基于i博导平台的网络营销课程混合式教学模式的构建与实施[J]. 黑龙江科学, 2018, 9 (21): 7-9.

[31] 孙圣姣. 项目教学法在《网络营销》课程中的应用研究——基于大连市S中职学校调查 [D]. 辽宁师范大学, 2020.

[32] 孙婷, 张雪, 王明月, 谢明. 基于创新创业教育的人才培养研究——以"网络营销"课程立体开放式实践教学体系构建为例 [J]. 中国市场, 2018 (34): 181-182.

[33] 汤飞飞. 高职《网络营销》课开展思政教育的思考 [J]. 科技资讯, 2020, 18 (31): 155-157.

[34] 王昂.《网络营销原理》课程以赛代考的考核方法改革探究 [J]. 教育教学论坛, 2013 (41): 273-274.

[35] 王蕾, 张巧英. 基于学科竞赛的高校实践教学体系创新研究 [J]. 教育理论与实践, 2015, 35 (6): 43-44.

[36] 王良成, 袁南桥, 马秀芬. 以学科竞赛促进数学与应用数学专业课程改革的研究与实践 [J]. 四川文理学院学报, 2015, 25 (2): 62-65.

[37] 王世胜."任务驱动"教学法在高职高专网络营销实训课中的应用 [J]. 河南机电高等专科学校学报, 2010, 18 (5): 113-115.

[38] 王晓蕾, 林妍梅. 应用型本科高校课程建设与改革发展路径研究 [J]. 职教论坛, 2019 (12): 34-38.

[39] 韦婉辰. 项目导向教学法在《网络营销》课程教学中的研究与实践 [J]. 办公自动化, 2019, 24 (18): 40-41+60.

[40] 肖立. 应用型本科院校网络营销OBE课程构建与实施 [J]. 电子商务, 2019 (12): 85-86.

[41] 肖伟才. 理论教学与实践教学一体化教学模式的探索与实践 [J]. 实验室研究与探索, 2011, 30 (4): 81-84.

[42] 徐春雷."任务驱动"教学法在《网络营销》教学中的应用

[J]．市场论坛，2019（8）：82-83+89．

[43] 徐文燕．中职网络营销课程思政实施路径探索［J］．现代职业教育，2021（21）：142-143．

[44] 闫会娟．案例教学法在网络营销课程中的研究与应用［J］．智库时代，2019（18）：197-198．

[45] 杨辉玲．"互联网+"背景下高职院校《网络营销》课程教学改革研究［J］．科技经济导刊，2020，28（16）：150-151．

[46] 杨艳．网络营销课程教学中专题实训的设计与应用［J］．实验室研究与探索，2011（6）：386-388+422．

[47] 姚林香，周广为．高校SPOC混合教学模式的设计和教学效果分析［J］．教育学术月刊，2018（12）：92-100．

[48] 余海冰．基于实战的网络营销教学模式改革探索［J］．中国多媒体与网络教学学报（电子版），2018（1）：276-277．

[49] 岳云康．研究性学习教学模式在大学教学中的应用研究［J］．教育理论与实践，2010，30（4）：52-54．

[50] 张金凤，王蓓．"四位一体"混合式教学法在《网络营销》课程中应用［J］．教育现代化，2019，6（78）：154-155+180．

[51] 张静淼．"金课"视域下高校思政课混合式教学研究［D］．重庆交通大学，2019．

[52] 张涛．高职院校网络营销课程实训教学模块分析与设计［J］．保定学院学报，2010，23（1）：110-112．

[53] 张艳．网络营销实践教学体系的优化与创新［J］．通化师范学院学报，2012，33（11）：105-107+111．

[54] 张子珍，冯晓棠，师晓华．《西方经济学》课程教学模式创新与设

计研究——基于"翻转课堂"混合式教学模式［J］. 山西财经大学学报，2020，42（S1）：112-114.

［55］赵斌，崔晓峰，胡正一. 实践能力培养下的网络营销实训教学研究［J］. 蚌埠学院学报，2017，6（1）：149-152.

［56］钟晓流，宋述强，焦丽珍. 信息化环境中基于翻转课堂理念的教学设计研究［J］. 开放教育研究，2013，19（1）：58-64.

［57］周岩. 国家级精品课程《网络营销理论与实训》的建设实践与思考［J］. 中国成人教育，2008（19）：148-149.

附　录

附录1　课程教学改革研究相关政策梳理[①]

序号	文件名称	发文字号	主要相关任务和措施要点
1	教育部关于印发《关于加强高等学校本科教学工作提高教学质量的若干意见》的通知	教高〔2001〕4号	应用现代教育技术提升教学水平。进一步加强实践教学，注重学生创新精神和实践能力的培养
2	教育部关于启动高等学校教学质量与教学改革工程精品课程建设工作的通知	教高〔2003〕1号	重视教学内容和课程体系改革。注重使用先进的教学方法和手段。理论教学与实践教学并重
3	教育部　财政部关于实施高等学校本科教学质量与教学改革工程的意见	教高〔2007〕1号	课程、教材建设与资源共享。实践教学与人才培养模式改革创新

---

① 根据国家教育教学相关政策文件自行整理。

续表

序号	文件名称	发文字号	主要相关任务和措施要点
4	教育部关于进一步深化本科教学改革全面提高教学质量的若干意见	教高〔2007〕2号	深化教学内容改革，建立与经济社会发展相适应的课程体系。高度重视实践环节，提高学生实践能力。把信息技术作为提高教学质量的重要手段
5	国家中长期教育改革和发展规划纲要（2010-2020年）		提高人才培养质量。创新人才培养模式。加强优质教育资源开发与应用
6	教育部等部门关于进一步加强高校实践育人工作的若干意见	教思政〔2012〕1号	强化实践教学环节。深化实践教学方法改革
7	教育部关于全面提高高等教育质量的若干意见	教高〔2012〕4号	创新人才培养模式。强化实践育人环节。加强创新创业教育和就业指导服务
8	教育部关于加强高等学校在线开放课程建设应用与管理的意见	教高〔2015〕3号	建设一批以大规模在线开放课程为代表、课程应用与教学服务相融通的优质在线开放课程。促进在线开放课程广泛应用
9	国务院办公厅关于深化高等学校创新创业教育改革的实施意见	国办发〔2015〕36号	健全创新创业教育课程体系。强化创新创业实践
10	教育部 国家发展改革委 财政部关于引导部分地方普通本科高校向应用型转变的指导意见	教发〔2015〕7号	创新应用型技术技能型人才培养模式。深化人才培养方案和课程体系改革。加强实验实训实习基地建设
11	国务院关于印发国家教育事业发展"十三五"规划的通知	国发〔2017〕4号	培养学生创新创业精神与能力。强化学生实践动手能力。着力推进教育教学改革。积极发展"互联网+教育"
12	国务院办公厅关于深化产教融合的若干意见	国办发〔2017〕95号	深化"引企入教"改革。开展生产性实习实训。健全高等教育学术人才和应用人才分类培养体系，提高应用型人才培养比重。加强产教融合师资队伍建设

续表

序号	文件名称	发文字号	主要相关任务和措施要点
13	教育部关于印发《教育信息化2.0行动计划》的通知	教技〔2018〕6号	持续推动信息技术与教育深度融合，促进两个方面水平提高。构建一体化的"互联网+教育"大平台
14	教育部关于加快建设高水平本科教育全面提高人才培养能力的意见	教高〔2018〕2号	推动课堂教学革命。深化创新创业教育改革。共享优质教育资源。加强实践育人平台建设
15	教育部关于加强网络学习空间建设与应用的指导意见	教技〔2018〕16号	整体推进网络学习空间建设，全面实现"一人一空间"。发挥空间主渠道作用，优化教育资源配置。组织教师创新应用，实现教学应用常态化。引导学生主动应用，实现学习应用常态化
16	中共中央、国务院印发《中国教育现代化2035》		提升一流人才培养与创新能力。加快信息化时代教育变革
17	中共中央办公厅、国务院办公厅印发《加快推进教育现代化实施方案（2018-2022年）》		推进高等教育内涵发展。大力推进教育信息化
18	教育部等十一部门关于促进在线教育健康发展的指导意见	教发〔2019〕11号	推动线上线下教育融通。培育优质在线教育资源。推进产学研用一体化发展
19	教育部关于深化本科教育教学改革全面提高人才培养质量的意见	教高〔2019〕6号	把思想政治教育贯穿人才培养全过程。全面提高课程建设质量。深化创新创业教育改革
20	教育部关于一流本科课程建设的实施意见	教高〔2019〕8号	目标导向，课程优起来。提升能力，教师强起来。改革方法，课堂活起来。科学评价，学生忙起来

附录2　网络营销课程学科竞赛型实践教学方案

为推进实践教学的改革，切实提高学生的实践能力，根据网络营销课程教学大纲，结合学科竞赛的特点，制订本实践教学方案。

一、实践教学目的和要求

（一）实践教学目的

（1）直接体验网络营销工具、方法和资源的操作使用，深入认识它们的特点和规律，培养学生的网络营销实践能力。

（2）培养学生的创新能力、竞争意识和合作精神，切实调动学生学习的积极性和主动性。

（3）能够有效地将理论知识运用到实践活动中，培养学生理论联系实际的能力，提高学生发现问题、分析问题和解决问题的能力，为走上工作岗位奠定专业能力基础。

（二）实践教学要求

（1）以学科竞赛作为实践教学的形式，所有同学都要积极参与学科竞赛活动，不参加者，其课程考核不及格。

（2）由于实践教学学时有限，在课上主要是教师指导和学生讨论活动，在课下学生要自主安排一定的时间实施竞赛项目。

（3）学生要从开始到结束持续参与学科竞赛活动，中途不放弃、不退出，坚持到底。

二、实践教学对象和学时

（一）实践教学对象

市场营销专业的学生。

（二）实践教学学时

16 学时。

三、实践教学计划和项目

学科竞赛型实践教学计划见附表 1。

附表 1　学科竞赛型实践教学计划

序号	实践教学项目	实践成果	学时	分值占比（%）
1	企业网络营销信息传递调查	实践报告	2 学时	5
2	企业网站策划	策划方案	2 学时	10
3	博客营销	博客文章	1 学时	5
4	微信公众号营销	微信公众号文章	1 学时	5
5	网络直播营销	直播视频 实践报告	2 学时	15
6	搜索引擎优化	实践报告	2 学时	15
7	病毒性营销策划	实践报告	2 学时	15
8	网上调研	调研问卷 调研报告	2 学时	15
9	网络营销综合实践	实践报告	2 学时	15

注：实践教学项目内容见附录 3。

四、实践教学考核

实践教学考核坚持结果考核和过程考核相结合的原则，结果考核以学生学科竞赛的成绩为准（没有列入学科竞赛内容的实践教学项目，成绩由指导教师根据实践成果评定），过程考核以学生比赛过程中的态度和表现为准，由指导教师评定。实践教学项目成绩计算公式为：

实践教学项目成绩＝学科竞赛成绩×80%＋比赛态度和表现×20%

课程实践教学总成绩为各实践教学项目成绩之和，总成绩计算公式为：

实践教学成绩 ＝ $\sum$ 实践教学项目成绩 × 分值占比

附录3　网络营销课程实践教学项目[①]

实践教学项目一——企业网络营销信息传递调查

一、实践步骤

（1）选择家乡的一家知名企业，登录其网站，浏览其网络营销信息。

（2）通过搜索引擎、微信搜索、微博搜索、百科搜索、知乎搜索、贴吧搜索等方式，记录该企业网络营销信息源的形式及在信息传递渠道中的表现、用户交互渠道等。

二、实践报告

根据调查资料，撰写该企业网络营销信息传递调研报告，内容包括企业的调查结果记录、发现的问题及解决措施等。

---

① 根据网络营销能力秀比赛项目等资料整理。

1. 报告标题

报告标题一般为 8~28 个字，具有一定的专业性，容易引起读者和企业的关注，含有企业和网络营销相关的关键词，例如，×××公司网络营销信息传递系统分析报告、×××网站访问统计分析报告、×××企业网络营销信息传递调查报告等。

2. 正文内容

正文内容 1000 字以上，应对网络营销学习者和相关企业有参考价值。相关说明如下：

企业的调查结果记录：企业有哪些信息源，使用了哪些推广方法，推广效果及原因分析；通过哪些信息渠道与用户互动，互动效果及原因分析；企业采用的推广及互动方法中有哪些可取之处。

发现问题及解决措施：企业网络营销信息传递存在问题及原因分析，应该加大哪些信息渠道的推广力度，与用户互动应做哪些改善，推广方法应从哪些方面调整等。

三、任务提交

将实践报告发布到个人博客上，发布后将内容标题和网址提交给指导教师审阅。

实践教学项目二——企业网站策划

一、实践步骤

（1）按照自由组合或抽签方式，3~5 名学生组成一个项目团队。

（2）选择某一行业，为一家中等规模的企业制订网站策划方案，完成企业网站初步策划，不涉及技术开发。

二、网站策划方案

网站策划方案的主要内容包括以下方面：

（1）企业网站分析：行业和市场分析、企业核心业务和营销目标、网站受众分析等。

（2）网站总体规划：规划网站的结构、内容、功能和服务等。画出网站栏目层次图，并对栏目内容进行简要描述等。

（3）网站推广：网站推广的初步计划、采用的方法等。

三、任务提交

将网站策划方案发布到个人博客上，发布后将内容标题和网址提交给指导教师审阅。

实践教学项目三——博客营销

一、实践步骤

（一）注册博客账号

在乐乎（https：//www.lofter.com/front/login）、企博网（http：//www.bokee.net/index.jsp）等博客网站注册个人博客账号。

（二）内容选题

（1）记录自己的大学生活，将青春记忆留在文字里。

（2）分享自己的专业知识和观点，如对所学专业的看法、对某个知识点的总结、对近期网络营销热点事件的关注及思考等。

注意：文章标题要体现自己的个性特点，包含核心关键词，不要千篇一律，人云亦云；内容原创，严禁抄袭。

（三）排版

发布博文时，除了从 Word 文档或者记事本中把文字拷贝到博客编辑框里，还可以准备几张个人或者所在学校、班级的图片拷贝到博文中。

（1）文字格式：改变文字的颜色、大小、加粗来标注文中的重点内容，以此吸引浏览者的眼球。

（2）段落标题：标题能够帮助浏览者建立起清晰的文章结构层次，而且能诱使浏览者的视线下移，快速发现文章的要点以及最感兴趣的内容。

（3）图片：在文章中使用图片能抓住浏览者眼球，突出重点内容。在以大量文字为主的媒介中，图片能为文章提供视觉兴奋点，吸引浏览者继续阅读。一张好的图片能帮助浏览者更好地了解文章大体意思。如果一篇博文中有多张图片，就需要统一图片尺寸大小。

（四）博客推广

发布博客文章，将博文分享到自己的微博、微信朋友圈等。

二、任务提交

将个人博客 URL 以及发布的博客文章标题和网址提交给指导教师审阅。

实践教学项目四——微信公众号营销

一、实践步骤

（一）注册微信公众号

根据微信公众平台（https://mp.weixin.qq.com/）提示，注册微信公众号。

（二）微信公众号推广

（1）公众号设置：完善公众号图像、名称、微信号、介绍等基本信息，设置自动回复（包括被添加自动回复、消息自动回复、关键词自动回复）。

（2）关注平台内粉丝量和阅读量高的公众号，学习其内容、排版及与粉丝互动的方式，将好的标题、开头、段落、句式记录下来，分析其粉丝量和阅读量高的原因，总结其传播规律。

（3）结合自己的兴趣爱好，确定公众号的定位。

（4）通过微信朋友圈、微博、QQ空间等，获得同学、朋友等尽可能多的人关注自己的微信公众号。

（三）个人信息源构建

（1）准备一篇自我介绍的文章，告诉粉丝微信公众号名称的由来、做公众号的初衷、公众号将会分享哪些类型的文章等，并引导粉丝留言或私信，与粉丝互动，了解他们希望阅读什么内容。

（2）将文章编辑后通过微信公众平台的"群发功能"向粉丝发送。

（四）正式运营

（1）根据用户反馈及公众号定位，准备下一篇文章，正式开始自己的公众号运营之路。

（2）使用微信图文编辑器（秀米、135编辑器等）对微信公众号推送的图文进行排版。

（3）在微信公众平台至少发布3篇以上文章（不包含上述自我介绍的文章），且文章标题自拟，内容主题应该符合公众号定位。

（4）将微信公众平台推送的文章分享到朋友圈、微信群、QQ群、QQ空间、微博等社交平台，增加微信公众号文章的阅读量。

二、任务提交

将微信公众号二维码发给指导教师,并从已成功推送的 3 篇公众号文章中,选择最好的一篇和第一篇自我介绍的文章,将文章内容标题以及 URL 发给指导教师审阅。

实践教学项目五——网络直播营销

一、实践步骤

(1)按照自由组合或抽签方式,2 名同学为一个小组,以小组为单位分工合作,完成网络直播营销实践教学任务。

(2)在一直播、花椒直播、斗鱼 TV 等直播平台中注册账号,完善个人资料,了解直播平台的功能。

(3)观看直播平台的热门直播,分析热门直播的特点和营销模式,了解主播与粉丝互动的方式。

(4)设计具有特色的直播方案,即规划好直播时间、直播内容(聊天、唱歌跳舞、购物等)、如何吸引用户进入直播间并留下来、如何调动现场气氛、如何吸引粉丝送礼物等。

(5)开始直播,直播时间不少于 10 分钟。

(6)利用直播平台内的分享功能,将直播或直播回放分享到微博、微信朋友圈、QQ 群、QQ 空间等,吸引更多的人观看。

二、任务提交

(1)将直播视频或直播回放网址发给指导教师。

(2) 将直播的构思、内容策划与直播方案设计过程，以及直播中遇到的问题和应对策略等整理为一篇文章并发布到个人博客上，同时将文章标题、URL 发给指导教师审阅。

实践教学项目六——搜索引擎优化

一、实践步骤

（一）登录、浏览实践教学项目一所选择的企业网站

（二）定性分析

从结构、内容、功能和服务四要素评价分析该网站。

（三）定量分析

选择并使用各种网站诊断工具测量分析该网站下列指标数据：

（1）网站的 Alexa 排名及流量分析。

（2）网站的 Google Page Rank 页面评定等级。

（3）网站被主流搜索引擎收录情况和在主流搜索引擎搜索时相关关键词的排名位置。

（4）网站的主要页面标题和 Meta 标签检测情况。

（5）网站的链接（站内、出站和反向）情况。

（6）搜索蜘蛛/机器人模拟工具抓取的主要页面的文本内容。

上述该网站的测量指标尽可能为第一手资料。

二、实践报告

（一）报告标题

报告标题为 8~28 个字，具有一定的专业性，容易引起用户和企业的关

注，含有企业和搜索引擎优化相关的关键词，例如×××公司官方网站诊断分析报告、×××企业官网搜索引擎优化诊断报告等。

（二）正文内容

正文内容2000字以上，应对网络营销学习者和相关企业有参考价值。相关说明如下：

（1）定性评价分析：分析该网站的四要素，简要说明该网站的基本情况。

（2）定量评价分析：说明测量上述六项指标分别使用了什么网站诊断工具以及测量获得的该网站的指标数据，并分析指标数据反映出来的该网站信息。

（3）通过定性和定量分析，总结该网站的搜索引擎优化状况，发现该网站存在的问题，并提出相关的意见和建议。

三、任务提交

将实践报告发布到个人博客上，发布后将实践报告标题和网址提交给指导教师审阅。

实践教学项目七——病毒性营销策划

一、实践步骤

（1）以所在学校、家乡知名企业或家乡的某个景点、某个特色产品为推广对象，通过调查分析，策划一个病毒性营销方案。

（2）实施病毒性营销方案，以1个月为期限，跟踪和管理营销活动效果。

二、实践报告

（1）标题：一般为 8~28 个字，要求选题明确，含有学校或家乡区县相关的关键词，如：×××大学网络营销推广方案、×××景点病毒性营销策划方案、×××特色产品网络推广策划方案等。

（2）摘要和关键词：摘要是对全文核心内容的概括，100 字左右；关键词选择 3~5 个体现文章核心内容的词语。

（3）策划方案：这是文章的主体内容，1000 字以上，其中应包括目标用户的特征及偏好分析，推广对象的特色及优势，策划的创意点及创意来源，有哪些可利用的内部和外部资源，在哪些渠道通过什么手段触达目标用户，为什么选择这些推广渠道，不同渠道需要准备哪些不同的内容等，如果有必要可以选择投放哪些付费渠道等。

（4）活动总结：一般为 500 字左右，实施方案后，对此次营销策划活动进行总结，包括已做过的推广工作、效果分析、经验教训、后续应从哪些方面改进等。

三、任务提交

将实践报告发布到个人博客上，发布后将实践报告标题和网址提交给指导教师审阅。

实践教学项目八——网上调研

一、实践步骤

（一）准备工作

用 QQ 或微信账号登录腾讯问卷平台（http://wj.qq.com/），阅读腾讯问卷官方的操作指引，尝试创建自己的第一份问卷。

（二）在线市场调研活动

1. 确定调查主题和目的

以"双十一"电商节为例，调查消费者的网络购买行为，或者企业的网络促销方式，或者消费者对企业网络促销的满意度等情况，为企业在"双十一"开展网络促销活动提供参考。

2. 设计、投放与回收在线调查问卷

（1）根据调查主题和目的，设计问卷内容，并发布在腾讯问卷系统。

（2）推广宣传问卷，以获得尽可能多的用户参与调查问卷填写，例如，在个人博客、微信公众号文章中做相关的介绍，并附上问卷链接；将问卷分享到微信、微博、QQ等社交平台，吸引尽可能多的用户参与调查；将问卷以邮件的形式发送给被调查者等。

（3）通过腾讯问卷的后台管理系统，分析调查数据，及时处理无效问卷。

二、撰写并提交调查报告

完成调查后，深入分析有效调查数据，撰写调查报告，报告完成后发布在个人博客上，将报告标题和网址发给指导教师审阅。

实践教学项目九——网络营销综合实践

一、实践步骤

（1）全班划分为多个小组，每组3~5人。以小组为单位分工合作，完成网络营销综合实践教学任务。

（2）与相关供应商谈判，确定网络推广和销售的产品。

（3）以 1 个月为营销周期，制订并实施网络推广和销售方案。

（4）评价网络销售情况，总结网络推广和销售活动，撰写综合实践报告。

二、实践报告

1. 标题

标题一般为 8~28 个字，要求意义明确，有一定的专业性，容易引起读者的关注并有参考价值，含有与综合实践报告内容相关的关键词。

2. 内容摘要和关键词

内容摘要一般为 150 字左右，即对所选主题与正文内容的摘要归纳，含有报告标题所包含的核心关键词及文章内容的要点或结论。关键词选择 3~5 个。

3. 正文

正文一般为 2000 字左右，内容包括但不限于以下方面：概括实践项目的策划、实施过程，其中包括采用的网络营销方法、技巧及效果分析等基本要素；总结实践报告的撰写过程，其中包括实践报告内容对专业知识学习的作用等；总结实践项目取得的成绩及不足、心得体会等。

三、任务提交

将综合实践报告发布到个人博客上，发布后将实践报告标题和网址提交给指导教师审阅。